Huellas en el camino

Huellas en el camino

REFLEXIONES INSPIRADORAS DE UN AÑO EN LA VIDA DEL MAESTRO DE DZOGCHEN KHENPO SODARGYE

Khenpo Sodargye

Traducción de María Laura Saccardo

Urano

Argentina - Chile - Colombia - España
Estados Unidos - México - Perú - Uruguay

Título original: *Footprints on the Journey*
Editor original: Wisdom Publications, Inc.
Traducción: María Laura Saccardo

1.ª edición: septiembre 2025

Plaza de los Reyes Magos, 8, piso 1.º C y D – 28007 Madrid
www.edicionesurano.com

ISBN: 979-13-87662-04-2
E-ISBN: 979-13-87750-03-9
Depósito legal: M-15.469-2025

Fotocomposición: Urano World Spain, S.A.U.
Impreso por: Liberdúplex, S.L.
Ctra. BV 2249 Km 7,4 – Polígono Industrial Torrentfondo
08791 Sant Llorenç d'Hortons (Barcelona)

Impreso en España – *Printed in Spain*

Índice

Prefacio

Por fin he terminado este proyecto y no puedo evitar suspirar aliviado. La inspiración para escribir este diario ha surgido de la lectura de *Opening the Door to Mind Training* ('Abrir la puerta al entrenamiento mental') de Lodro Gyaltsen Palzang, durante mi estancia en Xiamen. En aquel tiempo, era libre de las responsabilidades de la Academia Larung y contaba con el tiempo para leer y disfrutar de esta excepcional enseñanza. Sin embargo, darme un festín de Dharma semejante de forma egoísta va contra mi sensibilidad; entonces, ¿por qué no elegir algunas reflexiones maravillosas para compartirlas cada día? Eso sería beneficioso para mí y para otros y duplicaría los resultados con la mitad del esfuerzo. ¿Por qué no ir a por ello?

Así fue como comenzó este diario de forma rudimentaria. Aunque lo he llamado «diario» desde un principio, no hice registros cada día. En ocasiones, debía compensar varios días de contenido porque mis pensamientos estaban estancados. En otras, mi mente bullía con ideas que me arrasaban como olas o como una manada de caballos salvajes, y mi pluma, en un intento de seguir el torrente de inspiración, escribía de una sola vez registros dignos de varios días en un estilo fluido y audaz.

En los inicios de este trabajo, contaba con tiempo de sobra para escribir artículos de unos cientos de palabras con rapidez y poco esfuerzo, por lo que me sentía confiado y orgulloso. Sin embargo, al regresar a la Academia Larung en la segunda mitad del año, las tareas pesadas y los quehaceres triviales me absorbieron de inmediato, situación que desorganizó mis ideas y me imposibilitó pensar con claridad ni siquiera como para escribir la entrada de un día. De no haber sido por los ánimos de muchos amigos del Dharma, me hubiera deshecho de mis amadas plumas. Y aunque continué durante un período breve, terminé por olvidar el boceto incompleto en un cajón durante casi dos años.

Tiempo después, un crudo día de invierno (el 7 de enero de 2004), el Maestro de los Tres Reinos, el Protector de Todos los Seres, nuestro gurú Joya que cumple los deseos, su santidad Jigme Phuntsok Rimpoché partió de este mundo. Su partida repentina nos tomó a todos por sorpresa y nos llenó de pesar, más que si se hubiera tratado de un familiar cercano. Mi cuerpo frágil colapsó por tan duro golpe y la sensación de pérdida total sacudió una y otra vez mi corazón ya dolorido. Aun habiendo pasado tiempo desde la ceremonia de cremación, era incapaz de llenar mi mente, vacía y en blanco. El maestro nos ha enseñado la impermanencia con la realidad dolorosa de su muerte, lo que ha dejado marcas imborrables en nuestra sangre, huesos y corazones. Como nunca antes, su partida me abatió y me hizo consciente de la transitoriedad de todo.

«¡No esperes más!». Esta llamada comenzó a resonar en mis oídos y penetró en mi corazón casi adormecido. Comprendí que debía dejar de hacer planes a largo plazo y de esperar a completar este diario «algún día». Al recuperar el boceto polvoriento, mientras pasaba algunas de sus páginas, me he topado con algunas enseñanzas de nuestro venerado maestro y, en ese preciso instante, mi mente se ha aclarado. ¡Qué fortuna haber registrado sus instrucciones antes de que partiera y qué valiosas me parecían estas anotaciones! Si pudiera publicar el diario pronto, ¿no nos ayudaría a atravesar este período oscuro? Entonces, sin más preámbulos, realicé algunos cambios y lo envié deprisa, incompleto como estaba. ¿Qué destino le esperará a este diario? No puedo evitar preocuparme por su futuro.

Analizado desde el punto de vista de la escritura, este humilde diario no es nada comparado con el trabajo de muchos autores profesionales de todo el mundo. Como representación del idioma chino, no puede compararse con un chino han promedio, mucho menos con los grandes maestros, que se encuentran fuera de mi alcance. Con todo, solo puede ser descrito como una grabadora que toma imágenes fieles, cuadro por cuadro, del proceso de pensamiento y de los encuentros diarios de un monje budista corriente. No presenta una idea novedosa, una teoría profunda o compleja ni una proclamación impactante, sino que, como una pieza musical ensamblada espontáneamente con fragmentos, reproduce las vicisitudes de mi vida en el transcurso de un año. Al igual que una huella, describe un segmento de mi viaje por el desierto sin límites de la vida.

Muchos practicantes experimentan diversas experiencias en su camino espiritual y algunos prefieren guardárselas para sí mismos, pero aquí estoy yo, cantando como un vendedor de melones que exalta la dulzura de sus frutos. El *Compendio de los entrenamientos* dice: «La corteza de la caña de azúcar no contiene dulzura, por más que se la mastique». De todas formas, yo, el «vendedor de melones», ofrezco esta «corteza de caña» a los lectores. Si no os resulta interesante, déjalo en el estante, por favor, no quiero ser culpable de hacer que otros pierdan el tiempo.

Por otro lado, si disfrutas de la lectura en el tiempo libre de descanso de tu práctica, recorrer las páginas de este diario podría ser más significativo que dedicarlo a entretenimientos mundanos que alimentan el deseo, el odio y el engaño. Además, si este librito despierta respeto por las Tres Joyas o compasión por los seres sintientes en ti o en quien te rodea, mi arduo trabajo no habrá sido en vano.

Aquí, rezaré estas plegarias silenciosas:

Es mi deseo ferviente que este diario, manifiesto como un rayo de luz,
iguale el brillo del sol o de la luna que no poseo.
¡Que, como una pequeña estrella inadvertida en una noche sin luna,
su luz débil brille en la oscuridad sombría!

Es mi deseo ferviente que este diario, manifiesto como una brisa refrescante,
barra el calor del verano, como el viento otoñal que no poseo.
¡Que, como un pequeño árbol sin nombre en un día sofocante,
su sombra brinde un refugio de frescura para los seres atormentados por el calor!

Es mi deseo ferviente que este diario, manifiesto como medicina,
sea una panacea para todas las enfermedades que no poseo.
¡Que, como paliativo para inquietos y aquejados,
ofrezca paz y consuelo en tiempos de enfermedad!

Eh, garza salvaje, allá arriba en el cielo,
que regresas al norte en primavera,
¿puedes, por favor, decirme
si mis deseos se harán realidad alguna vez?

Dedico este libro a mis amigos del Dharma que, al igual que yo, recordarán para siempre a nuestro amado Gurú Supremo.

Escrito con devoción en la Academia Budista Larung
en el cumpleaños de su santidad Jigme Phuntsok Rimpoché
3 de enero de 2004
Sodargye

Introducción

Khenpo Sodargye, de la Academia Budista Larung en Sichuan, China, es un académico budista, maestro, escritor, intelectual y especialista en ética. Como uno de los maestros tibetanos más estudiados y respetados de nuestros tiempos, es un lama que transmite la mayor Gran Perfección en la mayor escuela monástica del mundo y, en ocasiones, conversa con las personas de la vida cotidiana sobre la importancia de ser amables y de honrar la ética mundana. Es monje, tanto si enseña en universidades prestigiosas del mundo como si se acuclilla con aborígenes de escasas vestiduras en la sabana africana para aprender a hacer fuego con dos ramas y algo de hierba seca.

Huellas en el camino contiene extractos de un diario que Khenpo llevó durante el año 2002 y que incluyó los seis meses que pasó recuperándose de una enfermedad. El telón de fondo es la meseta tibetana, con su geografía y cultura únicas, muy diferentes a las de la mayoría de los países occidentales y de la China moderna. El autor nos invita a observar este mundo (desde el personal de un hospital hasta una araña, desde las vastas galaxias hasta una gota de agua) como él lo hace, con candor y humor sensible y, en ocasiones, con el análisis agudo de un maestro Dzogchen. Comparte sus percepciones y reacciones en su mundo, describe sus altibajos de un modo en el que podamos identificarnos e inspirarnos, aunque quizá no tengamos la fortaleza de negociar con un matadero para rescatar yaks sentenciados a muerte o de presenciar un entierro celestial. Nos muestra cómo sobrellevar la incertidumbre de la vida diaria y cómo mantener la calma cuando la vida nos lanza, como en el béisbol, bolas curvas, es decir, cuando nos pone frente a situaciones inesperadas.

Por ejemplo, durante un invierno, Khenpo estaba enseñando al aire libre a familias pastoras de una aldea tibetana y, cuando de pronto comenzó a nevar, no se detuvo ni terminó la lección. En poco tiempo, su cuerpo estuvo cubierto de copos de nieve, y el pequeño montículo puntiagudo que se acumuló en su cabeza se asemejaba a un sombrero pandita. Su audiencia, cautivada e inmutable igual que él, permaneció inmóvil como un séquito de muñecos de nieve.

Todas las tradiciones de sabiduría enseñan que las lecciones espirituales no deben ser leídas y luego archivadas, sino que están hechas para vivirse y respirarse. *Huellas en el camino*, creado a partir del diario que Khenpo llevó desde el Losar (el Año Nuevo tibetano) hasta el 11 de diciembre, nos ofrece una visión de este tema en su propia voz; sentimos que estamos sentados a su lado mientras él nos narra el capítulo de su vida en el que floreció para convertirse en un gran maestro espiritual. Somos testigos, una y otra vez, de su entendimiento entusiasta de la impermanencia y de la verdadera naturaleza de todos los fenómenos; su reverencia profunda por el *budadharma* y por los mentores espirituales es palpable.

En el prefacio de su libro, ha escrito con humildad:

Es mi deseo ferviente que este diario, manifiesto como un rayo de luz,
iguale el brillo del sol o de la luna que no poseo.
¡Que, como una pequeña estrella inadvertida en una noche sin luna,
su luz débil brille en la oscuridad sombría!

¡Que así sea!

Sally Yuanhong,
traductora de la edición en inglés

Instantáneas

Liberación

Pronto tendré cuarenta años, una edad en la que, según Confucio, «uno ya no está confundido». Con tan pocos días por delante, ¿cómo puedo capturar los momentos fugaces y usarlos de forma significativa? Los sabios y maestros espirituales del pasado han aconsejado que observemos nuestra mente y conducta propias; si soy capaz de aplicar siquiera un verso para disciplinarme a mí mismo, sin duda será beneficioso.

Hoy es el Año Nuevo tibetano, el Losar, y el segundo día del Año Nuevo lunar chino. Las calles y los barrios están inundados de un clima festivo intenso, y muchas personas visten atuendos tradicionales Tang para celebrarlo. Algunos acuden a las tiendas a comprar productos propios de estas fiestas, como pollos, patos, peces, gambas o aves, para sus familiares o amigos. Pero este período festivo es, sin embargo, el día del juicio para esos pobres animales.

En cuanto entré al mercado local al aire libre, me encontré con una escena impactante: un hombre joven sacó a una codorniz de una caja y la desplumó sin piedad hasta exponer su piel rosada. La pobre ave chilló de dolor, pero el lamento fue demasiado sumiso y breve como para detener al matarife. Luego, en menos de un minuto, un cuchillo afilado le penetró el cuerpo y le cortó la cabeza y las patas. El torso degollado siguió sacudiéndose, y los ojos permanecieron abiertos en la cabeza cercenada, como si protestaran por aquel tratamiento brutal. «¿Por qué? ¿Por qué?».

Incapaz de seguir viendo la misma escena, compré las codornices restantes, ciento cincuenta en total, las llevé al bosque junto a la Academia

Budista Minnan y las liberé mientras recitaba oraciones de salvación para bendecirlas. En ese acto, decidí seguir salvando todas las vidas de criaturas capturadas que me fuera posible.

Debido a una afección médica, me han aconsejado que me mantenga alejado de las tierras altas y cubiertas de nieve del Tíbet, por lo que me he trasladado a la ciudad sureña de Xiamen hace más de un mes. Aquí soy un visitante solitario en un pueblo desconocido, por lo que no puedo evitar sentirme como un nómada sin raíces que viaja a los rincones remotos de la Tierra. Ah, ¡cómo anhelo los días en Larung! Por impulso, llamé a mi hermano y le pedí que colocara el receptor del teléfono junto al altavoz y, en poco tiempo, el cántico melodioso de la academia llegó a través del receptor y llenó mi corazón de un anhelo profundo.

¡Cuánto ansío el inicio de la primavera en Larung, cuando el hielo comienza a derretirse, las plantas florecen y surgen brotes verdes por todas partes! Deseo que la nieve y el hielo se derritan y que pronto llegue la temporada cálida de hojas verdes y flores. ¡Que la hermosa Larung pronto disfrute de la nueva temporada! ¡Que los miembros del *sangha* ya no padezcan el crudo invierno, que se regocijen bajo el calor del sol y se bañen con el néctar del Dharma! ¡Que ese día llegue pronto! *¡Lama chen!*

13 de febrero

Practica de inmediato

Hoy muchos practicantes se sienten atrapados por obligaciones mundanas (padres, hijos, trabajos, familias) que les generan preocupaciones constantes. Por otra parte, monjes y monjas con túnicas, que deberían concentrarse en la práctica del Dharma, están ocupados construyendo centros de Dharma, erigiendo estatuas de Buda o encargándose de discípulos. Al ocuparse el día entero en estas buenas acciones externas, no cuentan con el tiempo necesario para la reflexión interna. Siento que no es una tendencia positiva y me preocupo al respecto. Un practicante del Dharma genuino debería renunciar a asuntos externos y mirar hacia dentro para descubrir la verdadera naturaleza de la mente; ese es el camino exitoso que han seguido muchos *siddhas* del pasado.

En *La vida de Milarepa* hay un pasaje sobre esta cuestión:

Una vez, Jetsun Milarepa estaba a punto de partir hacia su ciudad natal. Su maestro, Marpa, al despedirse del estudiante en contra de sus deseos, le impartió la siguiente enseñanza como sustento espiritual:

¡Mi hijo del corazón! Debes renunciar al mundo y discernir el Dharma supremo de los asuntos mundanos. De lo contrario, tu práctica será impulsiva e inútil.

¡Mi hijo del corazón! Debes reflexionar en profundidad sobre el sufrimiento samsárico, cuya extensión no alcanzaría a describir, aunque tuviera cien lenguas y viviera incontables kalpas.

Por ello, te pido por favor que no desperdicies el maravilloso Dharma que te he enseñado.

Milarepa guardó esas palabras en su corazón, practicó de acuerdo a ellas y, finalmente, llegó a la iluminación total.

Este no es solo el sentir de los grandes maestros budistas, sino el de sabios de este mundo que saben que codiciar fama y dinero es una pérdida de tiempo valioso que, a fin de cuentas, no sirve de nada.

Raíces de la sabiduría dice:

Con gran esfuerzo consigues poder y riqueza, pero, tarde o temprano, debes renunciar a ello. Todas las ganancias son pérdidas.

Podrás vivir hasta los cien años, pero si pasas cada día ocupado, apenas podrás decir que has vivido un día de tu vida.

Lo que llamamos «vida» se encuentra entre este aliento y el siguiente. Eso es todo. ¡Aprende a vivir sin apegos!

14 de febrero

El cumpleaños del maestro

Hoy es el cumpleaños de nuestro preciado gurú Jigme Phuntsok Rimpoché. Según el método de contar tibetano, ha llegado a la edad madura de setenta años.

Cualquier destello de compasión y sabiduría que surge en la mente de un estudiante, aunque sea por un instante, es una bendición concedida por el corazón bondadoso del maestro. Aun sin mencionar los méritos incalculables que ha acumulado en todas sus vidas, ha atraído a muchos solo en esta vida al camino del Dharma. Sería incapaz de describir siquiera una mera gota del océano de cualidades incontables de nuestro gurú: tener sabiduría perfecta y compasión, guardar preceptos puros, y hacer girar la rueda del Dharma a lo largo y ancho.

Un antiguo dicho chino dice: «Desde la Antigüedad, ha sido extraño que los humanos alcanzaran los setenta años». Hoy en día, nuestro gurú parece seguir avanzando en la tercera edad, aunque padece varias enfermedades. Sin embargo, sus esfuerzos por ayudar a seres sintientes, en lugar de estancarse, se hacen más fuertes. A pesar de su salud deteriorada, aún concede bendiciones a sus seguidores de todas partes y sigue sembrando semillas de virtud en las mentes de todas las formas posibles.

En esta fecha, discípulos suyos de diferentes lugares liberan animales cautivos de forma espontánea y rezan para que nuestro gurú tenga una larga vida en este mundo. Gracias a sus bendiciones, muchas vidas se han salvado de dagas asesinas. Si esos seres hubieran sabido de la bondad detrás de su rescate, ¿cómo hubieran expresado gratitud? Más aún, al escuchar los nueve nombres de los budas y los mantras sagrados recitados para ellos, ¿cómo expresarían su deseo de corresponder a esa bondad?

Hoy han llegado unos médicos de Estados Unidos para tratar a Rimpoché, y yo uno mis manos con reverencia y ruego desde el fondo de mi corazón: «Que nuestro maestro se recupere sin inconvenientes de su enfermedad y tenga salud. Que seamos bendecidos por su gracia todos los días». *¡Lama chen!*

15 de febrero

La enfermera

Una enfermera, que parece incapaz de mostrar la más mínima sonrisa en su rígido rostro, vino hace un momento: «¿Cuántas veces hizo de vientre ayer?», me preguntó. Llevo un mes hospitalizado y me han hecho la misma pregunta cada día sin más saludo que ese. Como me pareció ridículo, respondí: «Las mismas. ¿Qué tal otro saludo?». La joven me miró seria con su digna cabeza de lado y se marchó.

A mi mente vinieron muchos pensamientos. ¿Qué me esperaba?

En la vida anterior de Buda, él asumió la responsabilidad de médicos y enfermeros al encargarse de cuidar a pacientes que sufrían enfermedades prolongadas y de darles medicinas. Shantideva, un *bodhisattva*, expresa esta aspiración en *El camino del Bodhisattva*: «Para quienes sufren en el mundo, hasta que sus enfermedades hayan sido sanadas, espero convertirme en médico, enfermero, medicina en sí misma». Muchos grandes maestros budistas se han entregado al beneficio de todos los seres sin preocuparse por su propia seguridad o bienestar. Esta clase de altruismo no es exclusiva del budismo; muchas personas de ideales elevados han expresado sus deseos de beneficiar a la humanidad. Du Fu, de la dinastía Tang, escribió:

> *¿Cómo podría construir miles de casas grandes con muchas habitaciones? Las usaría para albergar a todos los estudiosos pobres para que sonrieran con alegría. Aunque mi choza de paja sea la única destruida por los elementos y esté destinado a morir de frío, estoy dispuesto a hacerlo.*

¡Desearía que las enseñanzas de Buda penetraran en las mentes de las personas y así el mundo tendría un gramo más de bondad y uno menos de maldad!

16 de febrero

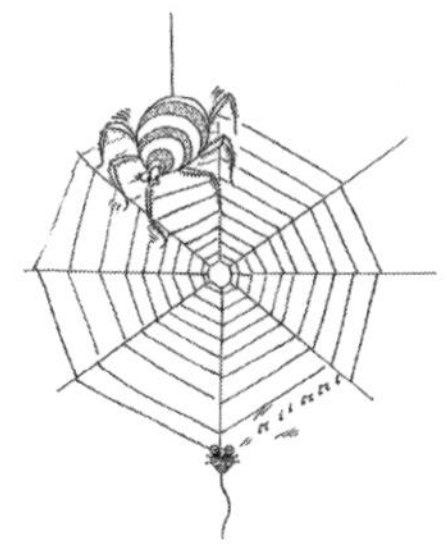

Navegar por Internet

Los avances rápidos y continuos en los campos científicos han generado cambios drásticos en la vida humana. Los productos modernos, como teléfonos móviles y ordenadores, ahora son accesibles a todos, incluso en áreas remotas del Tíbet. Los límites del tiempo y del espacio desaparecen con las nuevas tecnologías, y la gente puede comunicarse sin importar la distancia. Incluso las personas de la Antigüedad parecen cobrar vida en la web. Hay un proverbio que describe bien esta situación: «Un erudito sabe lo que pasa en el mundo sin ni siquiera salir de casa».

Las personas están muy bien informadas a través de Internet. Muchos maestros del Dharma, uno tras otro, han creado sus propios sitios web y foros de intercambio. Gracias a las adecuadas herramientas modernas, ponen sus enseñanzas a disposición para guiar a los seres confundidos por un camino de liberación. Sin embargo, Internet también tiene influencias negativas que no pueden ignorarse. La información disponible es una combinación de bien y mal, de verdad y mentira. Muchos adolescentes, carentes de un juicio prudente, navegan por la red el día entero; incluso algunos budistas pueden echar un vistazo a sitios prohibidos y descuidan su tarea principal de estudiar, reflexionar y meditar en el Dharma. El mal uso y desperdicio de los descubrimientos científicos es preocupante.

La persona sabia aplica la tecnología con habilidad para beneficio propio y de los demás. Por el contrario, la persona ignorante utiliza la misma tecnología para obrar mal. Como dice el *Sutra de los grandes tesoros acumulados*: «El Buda le dijo a Kashyapa: "El sabio utiliza su habilidad para la liberación; el ignorante utiliza la astucia para volverse prisionero"». Este pasaje se aplica a la perfección al dilema de adoptar o ignorar la información encontrada en la red.

¡Que la gente preste mucha atención a esta enseñanza!

17 de febrero

Retiro

Han pasado ciento cuarenta y dos días desde que dejé Larung. Antes de mi partida, trescientos sesenta practicantes juraron al unísono dedicar esta misma cantidad de días a la práctica del *vajrayana* en la tierra sagrada de Larung siguiendo al pie de la letra el manual, que establece, al menos, entre cuatro y seis meditaciones diarias. Mi objetivo era el mismo, pero, lamentablemente, mis deberes administrativos y mi enfermedad no me han permitido cumplir ese deseo.

En su lugar, me he visto confinado a una cama de hospital durante casi tres meses, donde he sido testigo del sufrimiento de muchos pacientes y he escuchado muchos lamentos de dolor. Algunos que eran pacientes ayer son llevados hoy por el Señor de la Muerte, y ¿quién sabe cuántos de los compañeros de habitación de hoy podrán disfrutar de la primavera de mañana? A menos que aprovechemos nuestra rara oportunidad de practicar, la fuerza del karma nos llevará a las vicisitudes del samsara cuando muramos y no tendremos ningún tipo de protección.

Hoy el retiro de ciento cuarenta y dos días está completo, lo que es una ocasión digna de celebración, mucho más que esas ceremonias tan elaboradas de asuntos mundanos. Frente a las cinco degeneraciones es extraño meditar poniendo la atención en la verdadera naturaleza de la mente, incluso para los practicantes experimentados. Cualquiera que sea el logro que estos participantes del retiro hayan alcanzado, ya han conseguido un enorme mérito.

Un sutra dice: «Sariputta, si un practicante escucha las enseñanzas del Dharma y honra los diez preceptos y, al mismo tiempo, practica la meditación exclusiva sobre la naturaleza de la mente apenas durante un instante, al comparar el mérito de las dos actividades, la segunda es superior». Si una persona corriente busca ganancias terrenales sin descanso, ¿cuánto más deberían esforzarse los practicantes espirituales por la liberación propia y ajena? ¡Ojalá todos los practicantes apliquen su entrenamiento en un ámbito más amplio!

18 de febrero

Dormir con moderación

No debemos dormir más de la cuenta ni caer en la pereza, pues si lo hacemos, no podremos lograr nada, ni terrenal ni espiritual.

El buda Shakyamuni renació como Príncipe de la Luz Virtuosa en una de sus anteriores vidas y, durante muchos años, para hacer ofrendas a los budas, casi no dormía ni descansaba, excepto para comer o usar el baño.

Geshe Chekawa dedicaba todo su tiempo a la práctica del Dharma y nunca dormía. Su maestro Dromtonpa le dijo en una ocasión: «Será mejor que duermas, hijo mío. Si los cuatro elementos pierden el equilibrio, enfermarás». A lo que él respondió: «Sí, es bueno estar saludable, pero cuando pienso en las dificultades para encontrar la libertad y las ventajas de esta vida humana, no tengo tiempo de dormir». A lo largo de su vida, ha recitado el mantra del buda Akshobhya novecientas mil millones de veces.

Muchas personas exitosas deciden no perder su precioso tiempo durmiendo. El escritor francés Balzac dormía cuatro horas diarias, desde las ocho de la noche hasta medianoche. Al despertar, escribía con energía para aprovechar las horas más tranquilas del día. Dada su diligencia, no es de sorprender que escribiera noventa y seis obras maestras de prestigio universal, como *La comedia humana*.

En *Tesoro de buenos consejos*, Sakya Pandita dice: «La extensión de la vida humana es breve. La mitad transcurre en un estado de cuasimuerte durante el sueño nocturno. La otra mitad, plagada de enfermedades y vejez, tampoco es disfrutable». *El camino del Bodhisattva* recoge este consejo:

Saca ventaja de esta barca humana,
y cruza el poderoso río del sufrimiento.
Será difícil encontrar esta embarcación otra vez,
¡no seas tan tonto como para perderla durmiendo!

Como practicantes de la espiritualidad, debemos recordar estos ejemplos y no desperdiciar el tiempo en la somnolencia y el sueño.

19 de febrero

Desilusión

Esta academia budista se encuentra en las afueras de una ciudad costera, lejos del ajetreo metropolitano. Tiene buen clima todo el año y un entorno elegante, lleno de árboles frondosos, campos verdes y arroyos caudalosos. Crecen flores sin nombre en abundancia, en enredaderas y arbustos, que exhalan fragancias sutiles. Las aves, que cantan melodiosamente en el bosque, vuelan entre las copas de los árboles y en un instante alcanzan las nubes. Todo esto me recuerda a los lugares sagrados en los que han practicado muchos *siddhas* budistas tibetanos. Este es un lugar perfecto.

Cuando Atisha completó sus actividades en la India y el Tíbet y estaba a punto de partir de este mundo, uno de sus discípulos hizo esta plegaria: «Maestro, prometo ser diligente en la práctica». Disconforme, el maestro respondió: «Espero que renuncies a tus tareas». «¿Debo enseñar?», volvió a intentar el estudiante, y el maestro le respondió del mismo modo. Entonces, el estudiante preguntó: «¿Y si practicara mientras enseño?», a lo que recibió la misma respuesta. «Entonces, ¿qué debo hacer?». Y el maestro dijo: «Debes dejar a un lado todas las trivialidades de esta vida».

Con las instrucciones del maestro en mente, el discípulo apartó todos los asuntos terrenales y se retiró a un bosque silencioso de Redreng, rodeado de magníficas montañas nevadas. La nieve derretida caía sobre las rocas formando cascadas, que nutrían a los árboles y prados, a los animales y a las aves del bosque. Por la mañana, el sol enviaba una luz cálida por encima de las montañas para saludar al practicante y a sus compañeros animales. Por la noche, mientras el viento soplaba suavemente, se retiraba en el profundo silencio nocturno. Un arroyo fresco y brillante le proveía agua dulce para beber, y los sabrosos frutos salvajes eran su alimento. Allí no tuvo contacto con ninguna persona ni se preocupó por actividades mundanas, solo practicó con persistencia hasta el final de sus días, en que llegó a un nivel inalcanzable para la persona corriente.

20 de febrero

Escrito en la solitaria parte trasera de la Academia Budista Minnan

Hasta mañana

¡Lama chen! Si no practicamos el Dharma lo más pronto posible, ¿cuándo podremos hacerlo otra vez? Nadie puede asegurar que vivirá para despertar otro día. Hojeando las páginas de *The Collection of Deliberate Saying* ('Recolección de dichos para reflexionar'), encontré estas líneas: «¿Quién sabe si vivirá hasta mañana? Hoy es momento de estar listos, pues las legiones de la Muerte no están de nuestro lado».

Stonehouse Qinggong fue un maestro zen ascético de la dinastía Yuan, que vivió como ermitaño en cuevas durante años, por lo que mantuvo escaso contacto con el mundo exterior. El maestro escribió una serie de poemas de la montaña que difunden un aire refrescante del valle:

Mi hogar entre las cumbres es como un sepulcro,
vacío de cualquier pensamiento mundano.
Aunque ingiero comida y uso ropa,
es como si estuviera muerto, pero no enterrado.

La vida es como la llama de una lámpara de aceite que ondea con el viento y que, a cada momento, corre el riesgo de apagarse. Nadie sabe con qué se encontrará a continuación y nadie puede estar seguro de que despertará al día siguiente. El maestro Nagarjuna dice en *Carta a un amigo*:

La vida, susceptible a muchos males, es más frágil que una
burbuja en un arroyo a merced de la corriente.
Es asombroso inspirar después de espirar,
¡y todavía despertar con vida!

En su retiro en el bosque, el yogui Damcho, discípulo de Mipham Rimpoché, se decía, sin importar a qué hora se despertara por la noche: «¿Estás seguro de vivir hasta mañana? ¿De verdad quieres volver a dormir?». Luego, se levantaba de inmediato y comenzaba a hacer postraciones, circunvalaciones y otras prácticas del Dharma.

Los sabios también son conscientes de la brevedad de la vida. Como aconseja un dicho: «Termina tu tarea el día de hoy; puede que no veas otro amanecer». El maestro Wenjia, de la dinastía Qing, recita en *Song of Tomorrow* ('Canción de mañana'): «Mañana tras mañana, demasiadas mañanas. Esperando siempre hasta mañana, ¿cuándo se logrará algo?».

Los practicantes pretenciosos, como yo mismo, procrastinamos y desperdiciamos nuestras preciadas vidas con distracciones. Ahora, con las instrucciones del maestro, debo exhortarme a mí mismo: «¡Abandona los asuntos inútiles y practica!».

23 de febrero

Sabiduría y compasión

Un discurso llamativo no hace más auténtico a un practicante espiritual; lo que importa es dirigir la mente hacia el Dharma de forma genuina y apartar a un lado lo mundano.

El gran maestro zen Damei, como señala su guía Mazu, tomó consciencia de la naturaleza de su mente y se retiró a una choza en la montaña durante años. Un viejo amigo, el oficial Qi An, supo de su paradero y envió a unos emisarios para invitarle cordialmente a salir, pero el maestro lo rechazó con amabilidad con estos dos versos:

Muchas primaveras no han revivido
al árbol muerto en el bosque helado.
Ni los taladores lo han mirado.
¿De qué te sirve perseguirme?

Y este otro:

Abundan vestiduras entre las hojas de loto.
Abunda la comida en las flores y frutos de pino.
Llevaré mi choza aún más profundo en el bosque,
no sea que vuelvan a encontrarla, como a la presente.

Estos versos demuestran que el maestro Damei estaba decidido a renunciar al mundo secular. Aunque haya flores primaverales y luna de otoño, nada persuadiría a su corazón de florecer o sentir anhelo otra vez. Sus emociones terrenales y placeres sensoriales estaban purificados, y se sentía bien usando hojas de loto y comiendo bayas de pino. Esta es la conducta de un gran yogui de verdad, y reflexionar en ella es una lección de humildad.

Khenpo Chogyal, de Serthar, en la provincia de Sichuan, también era así. Llegó a Shiqu para recibir las lecciones de su gurú. Durante décadas, su morada fue una habitación desvencijada hecha con tablas de madera. No le interesaban la fama, las riquezas, las ganancias o el poder. A pesar de haber tenido una vida dura, era despreocupado y practicó hasta su último día. En una ocasión, dijo: «Con sabiduría, un practicante auténtico no se aferra a nada y la compasión por los seres sintientes surge sin esfuerzo. Con sabiduría y compasión, la esencia de los sutras y tantras está al alcance. Sin ellas, por el contrario, uno puede hablar sobre altruismo con elocuencia, pero buscará réditos personales ante la más ligera tentación».

El omnisciente Longchenpa afirma: «La práctica debe producir un cambio tan notorio como ponerse la ropa del revés». En conclusión, ningún discurso tendrá sentido sin sabiduría y compasión. ¡Tenedlo presente!

24 de febrero

Ser diligente

El sol proyecta rayos de luz cálida a través del follaje de un árbol alto, y el té de jazmín en mi taza emite una fragancia delicada. Sentado en el balcón en este entorno revitalizante sostengo un libro ocioso en mis manos, pero soy incapaz de concentrarme. Hoy comienza un nuevo semestre en la escuela media Xiamen, por lo que los estudiantes que entran al campus con sus uniformes coloridos rompen la quietud de ayer. Y mi mente, distraída por el ambiente, también comienza a deambular.

La escuela está muy bien equipada y tiene instalaciones modernas: edificios nuevos, un campo deportivo al aire libre, jardines coloridos y docentes amables y capaces. Los estudiantes realizan ejercicios físicos al unísono y, en los recesos, juegan alegremente. Al verlos, mi mente viaja de forma inesperada a los agradables días que pasé en la escuela media Zong Ta, mi *alma mater.*

No contábamos con instalaciones modernas en esos tiempos, y usábamos ropa andrajosa, pero aun así éramos niños felices. Con el tiempo, tres de mis siete compañeros de dormitorio y amigos queridos han fallecido. Suelo recordar nuestra tierna infancia juntos en mis sueños, pero, al despertar, ¡no encuentro ni rastro de esos tiempos felices! Aunque no sé en qué mundo han renacido, espero con sinceridad que tengan paz y felicidad. *¡Om Mani Padme Hum Hri!*

Hoy soy un hombre de más de cuarenta años y, aunque llegue a vivir hasta pasados los sesenta, solo me quedan veinte ciclos de estaciones. La fortuna nos trae a este mundo y, tristemente, la cantidad de años que nos concede en él es limitada. El tiempo avanza con pasos silenciosos, sin detenerse ni siquiera un instante. Para una persona diligente, el paso del tiempo le brinda sabiduría y fuerza; para una indolente, solo le trae arrepentimientos y un doloroso vacío.

Si no es hoy, ¿cuándo será el día de ser diligente?

25 de febrero

Práctica purificante

Hoy cae dentro del «mes de los milagros» en el calendario tibetano. Durante estos días, muchos seguidores del Dharma realizan acciones virtuosas, tales como el ayuno, la circunvalación, la postración o la liberación de vidas, entre otros. También es el Festival de las Linternas en la China han, que suele celebrarse encendiendo linternas, lanzando petardos y con danzas del león.

Con el fin de «animar» las reuniones con familiares y amigos, algunos necios se entretienen a expensas de otros seres vivos. Para celebrar las fiestas, pierden la vida en los restaurantes muchos seres, ya sea fritos en aceite o hervidos en agua, lo que es una forma violenta de purgatorio en este mundo humano.

Como los humanos, los animales sienten dolor al ser heridos.
A diferencia de los humanos, solo pueden derramar lágrimas silenciosas.

¡Practiquemos la purificación para los seres penosamente masacrados y para los perpetradores malignos!

En *Collection of Good Deeds* ('Colección de buenas acciones'), Chagme Rimpoché imparte la siguiente lección esencial:

Visualiza el Vajrasattva *sobre tu cabeza. De él emanan numerosos* Vajrasattvas, *uno sobre la cabeza de cada individuo, vivo o muerto. Recita el* Mantra de las cien sílabas *lo mejor posible, visualiza el néctar que fluye desde el cuerpo de* Vajrasattva *y limpia la oscuridad en ti y en los demás. Recita el mantra ciento ocho veces más y luego observa cómo el* Vajrasattva *se disuelve en forma de luz para fusionarse contigo y con los demás. Mientras lo haces, reconoce el proceso de purificación;* Vajrasattva *y tú estáis vacíos, despojados de existencia intrínseca. Permanece en el estado de vacío durante un momento. Este método de confesión incluye verdades relativas y absolutas y puede purificar aún los errores incalculables de vidas pasadas.*

A partir de hoy, podemos continuar a diario con esta práctica de purificar las no-virtudes de nuestros familiares y de otras personas, algo necesario y muy conveniente.

26 de febrero

Reflexión interna

En el tratado *Encontrar descanso en la naturaleza de la mente,* el omnisciente Longchenpa dice:

> *En síntesis, uno debe percibir la esencia invariable en la luminosidad de la mente y ver que los fenómenos no son más que categorías, vacías de existencia inherente. Con la práctica ferviente, es posible transmutar o purificar por completo las apariencias ilusorias de la presunta comprensión. Al llegar al estado primordial, se perfecciona el dominio del terreno puro de la rueda ornamental inagotable de cuerpo, mente y discurso iluminados.*

Esta enseñanza es la base de todos los Dharmas y la esencia de los budas de todos los tiempos. Tras resumir las ochenta y cuatro mil enseñanzas budistas en una oración, el omnisciente Longchenpa la ha dejado para las generaciones futuras. ¡Qué afortunados somos de haber conocido este tesoro incomparable entre todas las joyas que cumplen deseos!

Si miramos hacia el interior de la mente y permanecemos en ella, su luminosidad primordial se revelará a sí misma. Por el contrario, entregados a entendimientos contrapuestos, nos confundimos y pervertimos, y eso puede generar interminables consecuencias. Cargar con el equipaje de la vida sobre los hombros (comida y vestimenta, amor u odio, honor o desgracia, ganancia o pérdida, bien o mal, éxito o fracaso) es un camino seguro hacia el samsara.

El maestro zen Shi De, un monje de la dinastía Tang poco convencional, dijo una vez:

Sin conocer la verdadera naturaleza de la mente, se busca
fama y fortuna.
Sin embargo, al ganar fama y fortuna, uno parece agobiado
y demacrado.
Sin mencionar a quienes pierden en el juego y ¡desperdician
sus vidas por completo!

Una vez más, al ver que las personas aún ignoran la doctrina y trabajan exhaustivamente por ganancias insignificantes, el maestro nos enseña:

Los seres mundanos son inconscientes, siempre inmersos en
placeres sensuales.
Mi corazón siente compasión al pensar en ellos.
¿Cómo no sentir tristeza al preocuparme por su sufrimiento?

Su compasión sincera es evidente, pero, por desgracia, como continúa su enseñanza:

Deseosa de amor, la flor pierde sus pétalos en la orilla,
pero el arroyo, que no tiene corazón, no comparte su anhelo
y sigue su curso.

No es de sorprender que el maestro no pueda más que suspirar en vano. ¡Que la guía genuina del maestro no se desvanezca con el paso del tiempo!

28 de febrero

La vida y la muerte

La vida, según las composiciones musicales, es una melodía ligera de flautas que llega desde un sitio remoto. De acuerdo con las obras literarias, es un arroyo refrescante en el desierto. Mientras que en los análisis sociológicos, es un tren cargado de deseos. La vida, por muy llena de encanto poético que parezca estar, es insondable. En tiempos modernos, los humanos han hecho grandes avances en el mundo material; sin embargo, como el enigma eterno del antiguo Egipto, la vida misma aún es un abismo imposible de atravesar para la mayoría de los occidentales.

La comprensión occidental de la consciencia humana era tentativa e incompleta hasta que Walter Evans-Wentz publicó por primera vez una traducción al inglés de *El libro tibetano de los muertos* en 1927. Este libro, un clásico del budismo tibetano enseñado por Padmasambhava, revela el misterio de vivir y morir de acuerdo a experiencias meditativas. Gracias a su traducción a muchos idiomas, esta obra ha atraído la atención en todo el mundo y, ahora, las personas pueden adentrarse en el proceso de vivir y morir desde la perspectiva del budismo tibetano.

En 1973, Ram Dass fundó un centro de cuidados paliativos para pacientes con cáncer terminal y SIDA, en el que el personal los ayudaba a encontrar esperanza en situaciones desesperadas. En una ocasión, visitó a Bruce, un paciente de San Francisco, y le leyó las enseñanzas de *El Libro tibetano de los muertos*: «No escapes del dolor y confiesa tus errores. Aprende a estar tranquilo y en paz y, poco a poco, reconocerás la luminosidad innata de tu mente...». Gracias a la guía de Ram Dass, la expresión agónica de Bruce se relajó y tuvo una partida pacífica.

Lo que más sorprende a los occidentales es que casi todos los ancianos tibetanos pueden ser considerados expertos en cuidados paliativos. Los tibetanos aprenden desde temprana edad a enfrentar la muerte y, con entrenamiento, muchos llegan a considerarla como un punto de inflexión hacia la liberación para desprenderse del cuerpo físico. Por el contrario, los occidentales suelen sentirse perdidos en su lecho de muerte y solo les queda suplicar ayuda a sus médicos. Podemos decir que, si comparamos ambas experiencias, los tibetanos son afortunados.

Estaremos siempre en deuda con el gurú Padmasambhava por habernos enseñado el secreto de la vida y la muerte. ¡Es un legado espiritual muy valioso!

1 de marzo

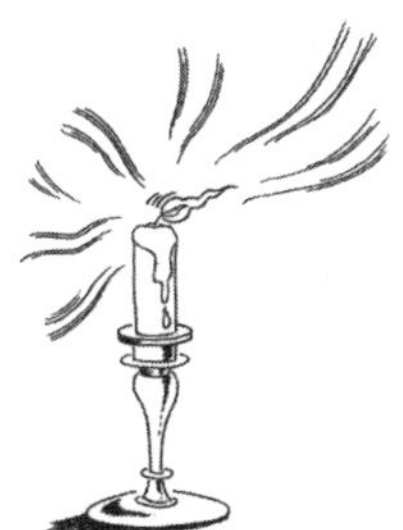

Desconocimiento

¡Ay, no! Mi terrible dolor de espalda ha regresado. La enfermedad no tiene piedad, se abalanza sobre mí y me deja sin ánimos para disfrutar de los agradables días de primavera, ya sean cálidos o frescos, nublados o despejados.

En momentos de enfermedad, las personas son más vulnerables a la idea de la muerte. ¡Puede que muera hoy! ¿Quién sabe si podré terminar de traducir la *Gran biografía del Buda Shakyamuni. El loto blanco*? ¿«El Gran Carro: Un tratado sobre cómo encontrar consuelo y descanso en la naturaleza de la mente» empezará y terminará bien? Al no tener presente la mente, he desperdiciado gran parte de mi vida, pero ahora que me encuentro llegando a una edad avanzada, no puedo evitar sentir que mis días están contados, igual que el sol se pone detrás de las colinas al oeste.

Para animarme, leo una canción sobre la «realización» del maestro zen Hong Zhi, de la dinastía Song:

La dicha del Dharma es mi sustento y la realización es mi morada.
La fe en Buda es mi destino, este cuerpo no es más que un préstamo.
Mi único empeño es ser consciente, no tengo tiempo que perder en asuntos terrenales.

¿Podré lograr todo lo que ha dicho? ¡No es sencillo!

3 de marzo

Golpéame

Con el objetivo de inspirar revelaciones repentinas en sus discípulos, en ocasiones, los grandes maestros han utilizado, además de los métodos de entrenamiento suaves, otros no convencionales.

Como discípulo de Tilopa, Naropa tuvo que atravesar doce dificultades menores, seguidas por doce mayores. Al finalizar, Tilopa presionó la garganta de Naropa con la mano izquierda mientras, con la derecha, se sacaba una sandalia y lo golpeaba en la frente. Naropa se desmayó y volvió en sí para descubrir que en su interior habían despertado todas las cualidades del maestro. La sabiduría de este y la mente del discípulo se habían vuelto una en la realización.

A los diecisiete años, el maestro zen Liao Yi de la dinastía Song le hizo una visita formal al maestro Gao Feng, quien le indicó que meditara sobre la premisa: «Todos los fenómenos convergen en uno». Cierto día, mientras observaba cómo los copos de nieve caían sobre las ramas de un pino, Liao Yi se sintió inspirado a escribir un poema, que al terminar le entregó a su maestro. Este, sin mediar explicación alguna, tomó una vara de madera y, de un golpe, hizo que cayera en un barranco profundo. Liao Yi, que acabó con heridas dolorosas en todo el cuerpo, reflexionó sobre la naturaleza de la mente y, por fin, alcanzó un estadio más allá de los conceptos y explicaciones. Estas son las hermosas líneas que escribió:

Con la llegada del sol, la nieve que cubre la vasta tierra
no tarda en desaparecer.

Con la extinción de mis dudas sobre los budas, mis obsesiones en esto o aquello se desvanecen.

Cuando el maestro Huang Bo tomó a Lin Ji como discípulo, lo golpeó sesenta y una veces con varas y lo convirtió en el maestro zen más destacable durante generaciones. Existe un dicho sobre las escuelas zen: «La escuela de Lin Ji es como un general de la guerra, mientras que la de Cao Dong es como un granjero». Lin Ji siguió la tradición del linaje y desarrolló su estilo zen único, que superó al de su maestro.

¿Cuándo me golpeará mi gurú en la cabeza, si es que lo hará?

4 de marzo

Sueño auspicioso

El reloj acababa de dar las seis cuando desperté de un gran sueño y, como cualquier persona, no pude evitar sentirme alegre, aun sabiendo que los sueños son solo ilusiones. Dudé en escribirlo y acabé por hacerlo.

Es la tercera vez que sueño con Ju Mipham Rimpoché desde que dejé Chengdu. El primer sueño ocurrió mientras estaba en un hospital, y recibí la señal de enseñar *Distinguiendo el Dharma del Dharmata*. En el segundo sueño, en el mismo hospital, Mipham Rimpoché me transmitió que enseñara *Distinguiendo el medio de los extremos* y *Puerta al conocimiento*. Al despertar, estaba muy orgulloso de mí mismo y apenas pude contener el impulso de traducir o difundir de inmediato el conocimiento que acababa de recibir.

Anoche, Mipham Rimpoché se me apareció como tres personas diferentes. Cuando llegó la tercera, percibí con claridad que esa presencia debía ser Mipham Rimpoché. Lucía como un hombre de Kham que rondaba la cuarentena, de cabello negro brillante, ojos vigorosos, cejas gruesas y oscuras, dientes blancos como la nieve, mejillas rosadas en un rostro bronceado, y vestía con un brocado azul tibetano. Cuando se sentó sobre el lado izquierdo de mi cama, surgió en mi corazón una veneración profunda y sentí que era la personificación sabia de todos los budas y *bodhisattvas*. Aún sentía el calor de su cuerpo cuando desperté y no me atreví a tocar el lugar en el que él había estado sentado.

Algunas personas no aprueban que se hable de los sueños. Ridgzin Jigme Lingpa dijo: «Un buen sueño nunca volverá después de ser revelado». Nuestro venerado gurú Jigme Phuntsok Rimpoché nos enseñó: «Un tigre puede saltar muy lejos, pero una rana no puede seguirlo». Al parecer, hablar de los sueños no es una buena idea, pero yo ya lo he hecho.

He descrito solo mis buenos sueños, que se me presentan muy rara vez. Si tuviera que relatar todos los malos, serían como esas interminables vendas sucias para los pies.

6 de marzo

Flor de loto

Aquí me encuentro, en esta ciudad sureña lejos de mi pueblo natal. En una tierra extraña donde suelo verme envuelto por la soledad, pues no cuento con amigos ni pares con quienes hablar. Solo el estanque de lotos en la entrada me recibe cada día. Apenas había visto los brotes de las hojas, cuando ya se habían transformado en abanicos de un verde exuberante. En ellas, sus flores florecen con gracia y formas elegantes en un derroche de colores: rojo intenso, rosado, crema. Mientras mis ojos se deleitaban con ese escenario poético y pintoresco, de pronto noté una flor de loto en una esquina, mustia como si la invadieran la pena y la preocupación, ajena al espectáculo primaveral.

—Flor de loto, ¿por qué estás tan triste?

—Anoche cayó rocío. A todas nos sentó muy bien, y a mí me encanta, pero hoy el sol me arrebató mis gotas de rocío. Ahora, la dicha que todas disfrutamos desapareció, y yo me siento miserable, incapaz de olvidar esta sensación. Ay, ¡cómo odio el sol! ¿Por qué tiene que llevarse mis pequeñas gotas?

La flor de loto me abrió su corazón, y yo no sabía qué ofrecerle. Tal vez le sirviera escuchar alguna de las bendiciones de Mipham Rimpoché, así que busqué mi pasaje preferido de sus enseñanzas y se lo leí:

—Los tontos, que consideran que los causantes de toda felicidad y sufrimiento son factores externos, viven distraídos, deseando y rechazando, perdidos en las olas de anhelo y de aversión. Los sabios, conscientes de que la fuente de toda felicidad y sufrimiento es el propio ser, siempre reflexionan en su interior y se protegen de emociones perturbadoras.

Después de escucharme, la pequeña flor de loto se sintió mejor, dejó de aferrarse a la gota de rocío y de sentir resentimiento hacia el sol. Se refugió en las Tres Joyas del budismo, y su fuerza interior creció día a día. A pesar de estar marchitándose, se sentía confiada y fortalecida, y a mí me alegró ser testigo de su transformación. ¡Las bendiciones de las Tres Joyas son inconmensurables! Cuando estuve listo para recibir el alta del hospital, la pequeña flor me transmitió su firme decisión: «¡Estudiaré las enseñanzas de Buda y me esforzaré en mi práctica!».

En realidad, la flor de loto es la doctora He, quien me da las medicinas y me pone una inyección cada noche. La gota de rocío es su novio, el sol es su hermana. ¿Podéis poner vuestras propias imágenes a esta historia?

11 de marzo
Hospital Xiamen 174

Generar *bodhichitta*

Antes de hacer cualquier cosa, debemos despertar la *bodhichitta*. El *Sutra solicitado por Maitreya* dice: «Maitreya, el agua que ha fluido hacia el océano no se secará aun después de muchos *kalpas**. Maitreya, cualquier acción positiva con intención *bodhichitta* nunca se extinguirá, hasta que se alcance la realización suprema y perfecta».

Si generamos *bodhichitta*, todo lo que hacemos tendrá mérito, incluso las actividades neutras. El *Sutra Avatamsaka* dice: «Habiendo despertado el *bodhichitta*, todas las actividades del cuerpo, el habla y la mente se vuelven significativas y virtuosas, aun para una persona distraída». Este sutra también enlista doscientos cincuenta ejemplos que describen la excelencia del *bodhichitta*.

Bodhichitta es la mantequilla por excelencia de la leche de la sabiduría, que resulta de estudiar, contemplar y meditar; es la fresca luz de la luna, que disipa el calor de la irritación de los seres sintientes; es el sol brillante que se eleva e ilumina la oscuridad de la ignorancia; es el vehículo que lleva a los seres a la liberación. Ni siquiera Maudgalyayana, con su poder sobrenatural, ha podido apagar la luz de la lámpara que una mujer pobre ofrece con *bodhichitta*.

Asanga, por fin, tuvo una visión del *bodhisattva* Maitreya tras un retiro extenso solo porque había generado una *bodhichitta* genuina.

---

* En la cosmología hindú y budista, un *kalpa* es una unidad de tiempo equivalente a 4.320 millones de años. (N. de la T.)

¡De hecho, los beneficios de la *bodhichitta* son demasiados para enumerarlos!

13 de marzo

Impermanente

Ahora, el señor Sun, quien fue un hombre brillante y destacado, se encuentra sentado a mi lado, con fotografías de su juventud en las manos. Mientras las observa, corren lágrimas por sus mejillas, como cuentas cristalinas de un collar roto, porque se siente triste de haber perdido la gloria de aquellos días y de no volver a ser joven. Sus años de júbilo han seguido su curso como un río y ya nunca volverán.

Me recuerda el poema «Enterrando las flores», recitado por Daiyu Lin en *Sueño en el pabellón rojo*:

La primavera llega a su fin, y las flores se marchitan, una a una;
es el momento en el que la belleza envejece y muere.
Cuando la primavera parta y la doncella encuentre su muerte,
¿quién notará los capullos caídos y la belleza marchita?

Creo que es una representación íntima del ánimo del señor Sun. Es una pena que no haya estudiado budismo y no sepa cómo aliviar su pena con sabiduría. Al igual que la marejada, su pesar no hace más que crecer si se le da rienda suelta. ¡Qué lamentable!

Todo (la juventud, la riqueza, las relaciones e incluso la vida) es efímero. El poeta Bai Juyi dice: «¡No seáis orgullosos, jóvenes, pues pronto seréis ancianos de cabellos blancos!». Por mucho que lo intentemos, no podemos aferrarnos a la juventud mientras la vida y la muerte siguen su curso. Es una pena que no dediquemos nuestros mejores años a estudiar el Dharma.

Mipham Rimpoché dice:

La juventud es momentánea y la riqueza es variable; la vida es como estar en las fauces del señor de la muerte. Sin embargo, muchas personas aún ignoran la práctica del Dharma. ¡Qué desconcertante es este comportamiento!

Debo explicarle estas enseñanzas al señor Sun. Es inteligente, y estoy seguro de que asimilará esta opinión. Tras cerrar mi libro, decidí tener una buena conversación con él.

15 de marzo

Actividades meritorias

Las personas de buen corazón disfrutan al realizar buenas acciones, crean o no en el budismo. Por ejemplo, ayudan a construir escuelas y a apoyar a personas pobres en zonas rurales. Respecto a las actividades religiosas, donan dinero a los templos y comunidades monásticas o muestran respeto inclinándose frente a las deidades.

Quienes han obrado mal, también tienen la posibilidad de practicar actos virtuosos para aliviar su conciencia. Durante el Año Nuevo lunar chino, las personas se agolpan en los templos locales para ofrecer incienso y alabanzas, y los policías y bomberos tienen que montar guardia para evitar que ocurran incendios en los sitios más atestados. Los visitantes entran y salen sin cesar y, con frecuencia, deben esperar en filas que se extienden por varias calles. Ni siquiera el precio astronómico de las entradas desanima a las multitudes.

Al reflexionar al respecto, recordé un pasaje del *Sutra Mahaparinirvana*:

> *Algunas personas ofrecen las siete sustancias perfectas, cama y comida a todos los budas a lo largo de sus vidas. Por otra parte, algunas personas generan* bodhichitta *en la corriente de pensamiento, aunque sea durante un instante. Las segundas recogerán méritos más significativos.*

Por lo tanto, tan solo pensar en *bodhichitta* es muy meritorio; ¡mucho más aplicarlo como una acción! Como dice el *Sutra of the*

Maiden Excellent Moon ('Sutra de la maravillosa doncella de la luna'): «Si el mérito en desear ayudar a otros no tiene límites, ¿qué hay que decir del mérito de beneficiar a otros con acciones reales?».

Por lo tanto, los practicantes espirituales no deben buscar méritos superficiales, sino desarrollar la mente altruista de *bodhichitta*. ¡Practicarla una vez al día vale muchísimo la pena!

16 de marzo

Práctica profunda

Muchos practicantes del Dharma están deseando solicitar enseñanzas elevadas (Mahamudra, el Gran Madhyamaka, la Gran Perfección, Yamantaka, entre otras) y buscar a monjes eminentes, *tulkus* elevados y maestros famosos. Los fanáticos del Dharma profundo creen que, al hacerlo, tendrán una iluminación como corresponde. Bien, puede que no sea el caso, pues la práctica solicitada debe estar acorde con las capacidades. Si el solicitante no cumple con el entrenamiento básico requerido en primer lugar, no tendrá éxito.

Gyalwa Yangonpa, uno de los principales discípulos de Sakya Pandita, es un *siddha* famoso en la historia tibetana y dice:

> *Las personas suelen perseguir prácticas del Dharma profundo cuando no se encuentran satisfechas con las más básicas. Observan las prácticas elevadas e insondables con fascinación, pero no se preocupan por comprobar si sus mentes están listas para ellas. Es posible comenzar la práctica de la Gran Perfección sin que le afecte en nada, pues el practicante debe ser un recipiente apropiado para recibirla. He visto enseñanzas tan valiosas como un corcel elegante ser farfulladas por personas menos valiosas que un perro. Actúan en contra del Dharma y no están dispuestas a practicar. Sus dichos no distan de la melodía atrayente de un rapero ni de la repetición de un loro inteligente. Al recibir las lecciones, el estudiante debe practicar de forma apropiada y dejar que la enseñanza se imprima en su interior. No hacerlo es como*

combinar dos líquidos inmiscibles, que no se mezclan; si la lección esencial no pasa de ser una serie de palabras vacías, el fruto de la práctica del Dharma nunca se manifestará.

Por lo tanto, debemos asegurarnos de colmar nuestras mentes y actos con nuestras lecciones. El Dharma no debe ser utilizado como un ornamento ni como un bien que ostentar. Sakya Lekshe dice: «El tonto alardea del conocimiento con palabras; el sabio guarda el conocimiento en su corazón. Una espiga de trigo flota en el agua; una joya preciosa se hunde hasta el fondo».

Al emprender un camino espiritual, no codicies otros caminos que parezcan elevados. Es preferible que empieces desde cero y avances con precisión y firmeza.

17 de marzo

Mi madre

Hoy mi madre me ha recordado por teléfono que llevo ciento sesenta días lejos de Larung. Ella piensa cada día en su hijo, que vive lejos.

Al igual que todas las madres, ha pagado un alto precio por mi crianza y mi crecimiento espiritual. Durante muchos años, que fueron duros, ha sufrido humillaciones y ha soportado cargas que han sido el reflejo de su tenacidad y su buen corazón. Cuando yo tenía dos años, caí repentinamente enfermo, la fiebre no me bajaba y me encontraba al borde de la muerte. Entonces, mi madre me cargó a la espalda y, un paso tras otro, recorrió los kilómetros que nos separaban del pueblo. Caminó durante dos días y sus noches sin descanso, fueron incontables las veces que encontró dificultades en el camino y se enfrentó a ellas. Permanecí inconsciente en las garras del Señor de la Muerte, hasta que, por fin, logré liberarme de aquella terrible experiencia. Solo entonces apareció una sonrisa en el rostro de mi madre.

Durante mi infancia, toda la familia se sentaba alrededor del fogón después de la cena, y mi madre comenzaba su tarea diaria de recitar la *Plegaria de aspiración para renacer en la tierra pura de la gran dicha*. El brillo rojizo del fuego reflejado en su rostro juvenil me inspiraba una sensación de asombro puro, como si estuviera frente a la personificación de la diosa Tara. Sus cánticos y recitaciones eran como melodías de la tierra Dakini, que reverberaban por nuestra tienda, y su influencia sutil llevó a que comenzara a comprender el budismo. Cada vez que la leo o la escucho, la voz de mi madre me resuena en los oídos. Gracias a ella, he memorizado la plegaria completa y la recuerdo hasta el día de hoy.

Cuando mi madre aún era joven, su rostro blanco como la porcelana lucía un tono rosado en las mejillas, sus ojos eran como perlas negras y sus dientes, blancos como la nieve. Un día la acompañé a pastorear el ganado a la montaña, donde los árboles crecían profusamente y las flores adornaban los pastizales. Allí jugamos al escondite y, cuando en una ocasión la descubrí escondida entre las flores, pensé que era tan hermosa como una doncella celestial. Tal vez ese sea el significado del proverbio de la China han: «Un hijo jamás ve fea a su madre. Un perro jamás ve pobre a su amo». Hoy en día, la daga del tiempo ha tallado líneas profundas en el rostro de mi madre, sus mejillas se han hundido y se le han caído los dientes. Sus piernas están casi paralizadas y solo puede mover su cuerpo pesado con ayuda de un bastón, por lo que nadie me creería si hablara de su agilidad juvenil y de su belleza imponente. ¡El tiempo no tiene piedad con nadie!

La bondad de los padres es inconmensurable. Buda da cuenta de sus actos de bondad en el *Sutra sobre la profunda bondad de los padres y la dificultad para retribuirla*. El maestro Atisha también nos enseña que respetarlos y apoyarlos no difiere de practicar la vacuidad, que tiene la compasión como esencia.

Un proverbio tibetano dice: «Como agua que fluye es el corazón de una madre, como una roca es el corazón de su hijo». El corazón de una madre es suave como el agua, mientras que el del hijo es duro como una roca. Cuando, por fin, valoramos los sacrificios de nuestros padres y queremos retribuirlos y cuidar de ellos, ya han dejado este mundo.

Los árboles anhelan calma, pero el viento no les da tregua.
El hijo desea servir a sus padres, pero ellos ya han partido.

Por eso, debemos respetar y atender a nuestros padres mientras sigan con vida.

Un hilo pende de la mano amorosa de una madre,
que cose un traje para su hijo viajero.
Cose y cose, con todo su amor,
preocupada de que él siga vagando.
¿Quién osa decir que el corazón de una hierba de un
centímetro de largo
podrá retribuir una deuda tan grande como el calor del sol?

La mejor manera de retribuir la bondad de una madre es guiarla para que abrace el budismo y fomentar su fe en las Tres Joyas. Me consuela saber que mi madre se ha convertido en una budista devota y se ha ordenado monja; un pequeño logro en la religiosidad familiar. Querida madre, no te preocupes demasiado por este hijo poco respetuoso. Enfócate en recitar el nombre de Buda y las plegarias a las Tres Joyas. Volveré a casa en cuanto me recupere de mi enfermedad.

18 de marzo

Consejo y aliento

Como practicante, además de prestar atención constante a nuestras mentes, debemos ayudar a las personas cercanas a nosotros a conectarse con el Dharma. Por ejemplo, podemos animar a nuestros familiares, amigos y colegas a refugiarse en el budismo, a estudiarlo o incluso a entrar en una orden monástica. Muchos se rinden al no ver resultados tras uno o dos intentos, actitud que también demuestra el fracaso para integrar el *bodhichitta* a nuestros pensamientos.

Cuando en una vida pasada el buda Shakyamuni fue un *bhikshu* llamado el Poder de la Diligencia, tardó ochenta y cuatro mil años (en una era en la que los seres tenían vidas largas) en persuadir al Príncipe Tesoro Auspicioso de abandonar el mal, adoptar el bien y refugiarse en el budismo. En ese período, solía sentarse en los escalones de la entrada al jardín del príncipe y tolerar insultos públicos injustificados; sin embargo, a pesar de padecer la arrogancia y la rudeza del príncipe, persistió y no perdió el corazón. Por fin logró llegar al príncipe, que comenzó a aceptar el budismo con una fe inquebrantable.

En *El ornamento de los sutras del mahayana* se lee:

Con diligencia sin igual, los bodhisattvas *llevan a los seres sintientes a la madurez completa.*
Los bodhisattvas *se esfuerzan incansablemente durante eones para despertar, al menos, una virtud en la mente de otros.*

El omnisciente Longchenpa también dice: «Aunque un solo ser permaneciera en Samsara, estoy dispuesto a permanecer aquí y trabajar incansablemente para conducir a ese ser a la liberación. Si es necesario, estoy dispuesto a dedicar miles de eones con valor para inspirar un pensamiento positivo en el ser sintiente». Como estudiantes del *mahayana* y seguidores de los pasos del Buda y de las tradiciones de la familia Tathagata, actuemos del mismo modo.

Es enorme el mérito en despertar el *bodhichitta* en la mente de otro ser. Los *Cuatrocientos versos de Madhyamaka* dicen: «Si comparamos el mérito de construir las estupas más altas del mundo con el de despertar el *bodhichitta* en la mente de un ser, el mérito de lo segundo es muy superior». Pero es más fácil decirlo que hacerlo. Les he hablado a mis médicos sobre el budismo desde mi llegada al hospital, pero no he convertido a ninguno. ¡Qué vergüenza!

19 de marzo

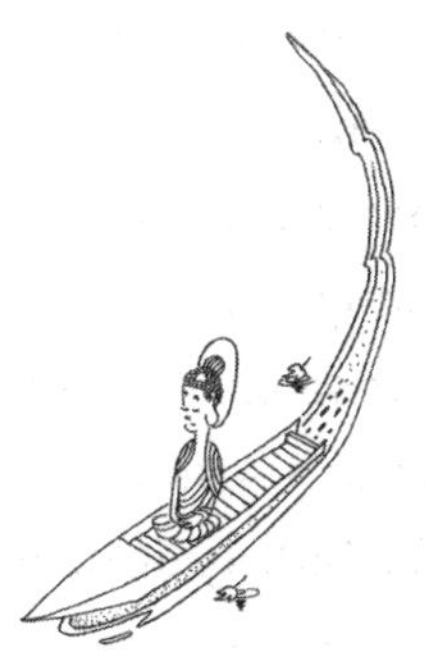

Tiempo efímero

A las personas les gusta pensar en el tiempo en términos de día y noche; yo prefiero imaginarlo como un río sin retorno. Confucio, a la vera de un río, suspiró y dijo sobre el tiempo: «El que transcurre es como este río, que fluye sin cesar, día y noche». Por su parte, el filósofo Heráclito reflexionó: «Ningún hombre se baña en el mismo río dos veces». Todos los sabios enfatizan el valor del tiempo. De hecho, al igual que el agua del río, ningún momento volverá, haya sido fantástico o corriente, feliz o triste. Dado que los humanos vivimos una sola vez, es esencial aprender a usar nuestro tiempo.

Dedicar, al menos, diez minutos al día a memorizar una frase o a escribir un *koan* es beneficioso para todos los practicantes. El famoso escritor chino Lu Xun dijo: «No soy un genio; solo uso mi tiempo al máximo. Mientras las personas beben café, prefiero leer o escribir». Ya que somos incapaces de retroceder en el tiempo, debemos vivir cada momento al máximo, de lo contrario, en nuestro lecho de muerte, lamentaremos haber desperdiciado nuestra preciada vida. Dediquemos cada minuto y segundo a proyectos significativos, como si escurriéramos toda el agua de una esponja mojada; no perdamos el tiempo con distracciones».

20 de marzo

Ofrendas mentales

Hacer ofrendas mentales es una práctica simple y valiosa para quienes tienen entrenamiento en concentración y visualización. Estos son unos pasos específicos:

> *Con la mente tranquila, imagina que tienes muchos obsequios maravillosos entre las manos y se los ofreces al buda Shakyamuni u otros budas reconocidos. Si eres hábil para la visualización, imagina numerosos elementos venerables en todo el espacio: maestros de linaje, budas de todos los tiempos y lugares, y una gran concurrencia de* bodhisattvas *y* sanghas *nobles. El* Sutra del cofre del tesoro *y el* Sutra Avatamsaka *explican: «Visualiza diversas ofrendas en tus manos y ofréceselas al Buda que está frente a ti y a los otros budas y seres iluminados del universo».*

Además, imagina que seres sintientes ilimitados de los siete reinos se unen a ti en la ofrenda: buena comida, las siete riquezas de un monarca universal, nubes de flores, música celestial, palios divinos, ropas gloriosas, variedades de incienso sagrado, para quemar y en polvo, y bálsamos aromáticos. Ofrece también toda clase de lámparas, de mantequilla y aceite, con aceites aromáticos. Imagina que la mecha de cada lámpara es tan alta como el monte Meru y que su contenido tiene el volumen de las aguas del mar. Imagina toda clase de obsequios como este y haz ofrendas con frecuencia.

Mipham Rimpoché nos enseña que: «Cuando hagas ofrendas mentales, primero ten fe y devoción. Luego, imagina hacerlas sin límites como un banco de nubes, al tiempo que reconoces que ninguna tiene una existencia inherente». De este modo, antes que recurrir a engaños o trucos para conseguir bienes valiosos para obsequiar a los maestros espirituales, es mejor hacer ofrendas mentales con un pensamiento puro.

Hacer ofrendas es un antídoto para el apego que complace a los budas y *bodhisattvas*. Los seguidores del budismo siempre aspiran a retribuir las cuatro bondades (las provenientes de los padres y maestros, las de las Tres Joyas, las del país y las de los seres sintientes) y a aliviar el sufrimiento en los tres mundos inferiores. Pero dañar a otro ser vivo en nombre de hacer una ofrenda a budas y *bodhisattvas* sería una forma de confundir causa y efecto. Por lo tanto, dediquemos unos minutos al día a realizar ofrendas mentales con una mente de pureza innata.

Esta práctica es un método hábil, entre muchos otros, para reunir los méritos tanto de la sabiduría como de la compasión. ¡Qué maravilloso!

22 de marzo

Cuatro poderes

En el budismo *gelug*, *nyingma* o tibetano, cualquier práctica de purificación incluye los «cuatro poderes de antídoto». Puede que los budistas de otras regiones consideren que el abordaje tibetano no es aplicable para ellos, pero esta es una idea que no ve el panorama completo.

El budista chino Tripitaka tiene muchos ejemplos de los cuatro poderes. Por ejemplo, el sutra de la *Enseñanza de los cuatro factores* dice:

> *Bodhisattva Maitreya, si los* bodhisattvas *poseen los cuatro factores, podrán superar sus malas obras. ¿Cuáles son los cuatro factores? El poder del arrepentimiento, de la acción reparadora, de la resolución y de la confianza. El poder del arrepentimiento es sentir un gran remordimiento por los actos no virtuosos. El poder de la acción reparadora es dedicar esfuerzos a realizar actos virtuosos. El poder de la resolución es el compromiso de contenerse de acciones no virtuosas similares. Y el poder de la confianza es refugiarse en Buda, el Dharma y en la* sangha *y no abandonar la* bodhichitta.

El *Sutra of Three Wrathful Ways of Taming* ('Sutra de los tres métodos para poner fin a la cólera') describe en detalle la recitación del *vajrasattva*, por lo tanto, el budismo tibetano y el chino incluyen prácticas de confesión con cuatro antídotos que, si se siguen de forma correcta, purifican innumerables no-virtudes. Si debido a hábitos firmes del pasado, una persona es incapaz de dejar de quitar vidas o de decir mentiras, debe recitar a diario el mantra de *vajrasattva* con sinceridad para fortalecer la práctica.

En estos días, las personas cometen actos inmorales todo el tiempo, pero pocas están lo bastante atentas como para arrepentirse con honestidad. El *Sutra del rugido del león de Maitreya* establece: «El tonto comete actos malignos y no sabe cómo confesarlos; el sabio se arrepiente de sus faltas y se libera del karma negativo».

¡Que todos sean conscientes de la práctica de purificación en medio de las distracciones diarias!

24 de marzo

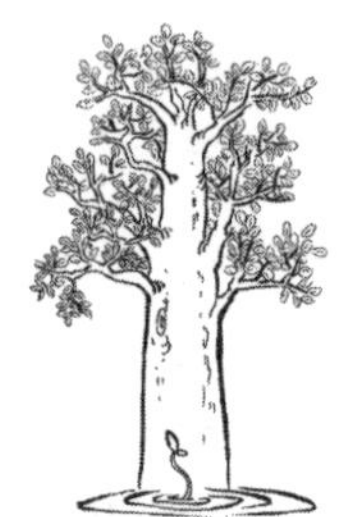

Esfuerzo continuo

El camino espiritual es un proceso extenso y arduo. En palabras de Longchenpa: «La práctica espiritual no puede depender solo de unos días de trabajo, requiere esfuerzo y compromiso a largo plazo». Si practicamos con diligencia y persistencia durante un período prolongado, podemos fortalecer la fuerza de voluntad y crear reservas de méritos.

Cuando era niño, había una mujer llamada Drala, que era joven, complaciente y budista devota. En una ocasión, realizó una peregrinación a Lhasa con aldeanos locales y le aseguró a su maestro que realizaría cien postraciones diarias, que leería la *Plegaria de aspiración para renacer en la Tierra Pura de la Gran Dicha* una vez y recitaría el mantra diez mil veces. Esto sucedió hace treinta años, cuando las religiones sufrían una persecución despiadada, en un período temible en el que había que recitar mantras o leer sutras en silencio para no ser descubierto, pero en el que las postraciones eran un gran problema. Además de hacerlas en casa, intentaba repetirlas en cuevas de la montaña mientras pastoreaba y siempre me pedía que montara guardia por ella. Cuando no había nadie a la vista, le recordaba: «¡Es hora de tus postraciones!».

El tiempo vuela y, para cuando volví a verla en mi pueblo natal el pasado julio, ya habían pasado treinta años. Durante ese tiempo, he experimentado muchos cambios, entre ellos, he completado mis estudios y me he convertido en monje. En cuanto a Drala, la vida había dejado marcas imborrables en su rostro.

—¿Aún haces postraciones y recitaciones? —le pregunté al recordar nuestros días.

—Por supuesto, nunca he dejado de hacerlas. Incluso cuando no podía realizarlas por encontrarme muy enferma, siempre intentaba compensarlo cuando me recuperaba. Y ahora que tengo más tiempo libre, puedo recitar aún más mantras —respondió.

—¿Cuántas postraciones y recitaciones de mantras has hecho en estos años?

—He seguido practicando sin preocuparme por llevar la cuenta.

Entonces hice un cálculo aproximado. Sin exagerar, Drala podría haber realizado, al menos, 1 095 000 postraciones, haber leído aquella plegaria de aspiración 10 950 veces y recitado el mantra *vajrasattva* 109 500 000 veces. Aunque puedan parecer cifras astronómicas, Drala es una mujer tibetana como cualquier otra, no es famosa ni es la más diligente, pero ha mantenido la práctica durante treinta años con la fuerza de voluntad de quien talla una barra de hierro hasta convertirla en aguja, algo digno de reconocimiento. Por estos días, muchos practicantes hacen alarde de haber completado un ciclo de quinientas mil prácticas, no vaya a ser que los demás no lo sepan. Drala, por el contrario, no se preocupa por el reconocimiento, sino por realizar su trabajo con resolución. ¿No es extraordinario? Al pensar en mi progreso, he notado que, a pesar de haberle hecho plegarias a mi maestro, no he practicado con autenticidad. Las personas me tratan como a un lama, pero no soy mejor que la persona promedio. ¿No debería sonrojarme por la vergüenza?

Existe un dicho antiguo:

Ni siquiera el mejor corcel es capaz cubrir la distancia de diez
saltos en uno solo.
Un caballo inferior, que corra sin parar durante diez días,
podrá recorrer una distancia aún mayor;
el éxito resulta de esforzarse incansablemente.

Todo practicante debe cultivar este espíritu de perseverancia, y cada pizca de esfuerzo producirá una pizca más de resultados.

26 de marzo

Luna brillante

El último rastro de luz del cielo occidental se desvaneció con la puesta del sol, y el silencio lo cubrió todo. A medida que la oscuridad avanzaba, yo miraba al frente para disfrutar a solas de aquella pacífica noche de primavera, pero resultó ser solo una ilusión. Una luna radiante apareció en la oscuridad y cubrió las casas, los árboles y el jardín con un manto de polvo plateado.

Mil aguas reflejan mil lunas,
un cielo despejado se extiende a mil kilómetros.

El rostro redondo y radiante de la luna se refleja en lagos, charcos y lavamanos, como si pidiera a gritos que la recogieran; no es de sorprender que existan historias folclóricas sobre monos que intentan rescatar la luna que se ha caído en un estanque.

De hecho, sin importar cuántos contenedores de agua existan en el suelo, todos reflejarán la misma luna radiante, siempre que la superficie se encuentre limpia y calma. Así mismo, sin importar cuántas personas haya en la Tierra, mientras piensen en Buda con la mente pura, este irá a ellas para concederles bendiciones, disipar sus sufrimientos y brindarles felicidad.

El *Sutra de los grandes tesoros acumulados* dice: «En tanto alguien piense en Buda con fe, él estará ahí, frente a él, concediendo bendiciones constantes y disipando los daños». El *Sutra del rey del Samadhi* también reza: «Quienes mientras se encuentran caminando, sentados o durmiendo recogen a Buda como a la luna, siempre estarán en presencia de Buda y tendrán gran felicidad». Algunos podrán preguntarse cómo es que Buda viene a nosotros en cuanto pensamos en él; esto es posible por nuestras mentes puras y por el poder de su compasión.

Un budista diligente se sentiría avergonzado de dejar pasar un día sin pensar en el buda Shakyamuni ni una sola vez. Pensar y reflexionar de forma continua en pasajes de las escrituras potencia la sabiduría y supera obstáculos. Sin embargo, si dejamos que el cuenco de agua de nuestra fe se vuelque, la luna de Buda no tendrá forma de reflejarse en nosotros.

28 de marzo

Infinitud

Buda nos dice que todos los seres sintientes antes han sido nuestras madres y padres, pero muchas personas creen que esta idea es improbable, incluso imposible. Más allá de discutir la existencia de vidas pasadas, ¿cómo sería posible reducir a todos los seres sintientes, ya que son innumerables? Pero las conclusiones a las que llegan las facultades sensoriales humanas (vista, oído, olfato, gusto, tacto y pensamiento) no son válidas en este sentido.

El *Sutra del rey del Samadhi* dice:

Los ojos, los oídos y la nariz no son confiables,
la lengua, el cuerpo y la mente tampoco.
Si los sentidos físicos fueran confiables,
¿qué necesidad habría en enseñar sentidos más nobles?

La naturaleza de todos los fenómenos solo se puede conocer con sabiduría trascendental. Sin confiar en la visión profunda de Buda, ningún pensamiento conceptual tradicional podrá penetrar en la esencia de infinitud de apariencias.

En el mismo sentido, la idea de un tiempo sin comienzo es difícil de imaginar con los sentidos convencionales. En *Carta a un amigo*, el grandioso Nagarjuna escribió: «Si se apilaran los huesos de nuestras vidas pasadas, formarían una montaña tan alta como el monte Meru. Si quisiéramos contar nuestros cuerpos con bolas de arcilla del tamaño de bayas de junípero, nos quedaríamos sin tierra para hacerlo».

Desde tiempos inmemoriales, hemos vivido incontables vidas en samsara, y la cantidad de veces que hemos establecido relaciones de amor, odio o indiferencia entre nosotros es también incontable. El *Sutra del nirvana* dice: «Si moldeara esta grandiosa tierra con bolitas pequeñas como guisantes para contar las veces que un ser ha sido mi madre y mi padre, la agotaría antes de terminar de contar».

Por lo tanto, hasta haber estudiado y reflexionado sobre las enseñanzas de Buda, debemos evitar hacer comentarios imprudentes al respecto. La persona sabia elegiría hacerlo.

29 de marzo

A tener en mente

Yukhok Choying Rangdrol (1872-1952), un tibetano contemporáneo, es reconocido como un yogui realizado en la Gran Perfección. Solía asumir una apariencia hostil para entrenar a sus discípulos, realizaba demandas estrictas y rara vez concedía audiencias, excepto para casos especiales. Nuestro estimado lama Jigme Phuntsok Rimpoché tuvo la buena fortuna de conocerlo a los quince años.

Choying Rangdrol, durante sus últimos años, construyó cabañas para hacer retiros en las montañas cercanas al área Wengda en Serthar, en la provincia de Sichuan, para enseñar a cientos de asistentes a sus retiros. Muchos de sus discípulos han alcanzado la «realización» y mostrado diversas señales de éxito.

En una ocasión, su discípulo Sonam Phunstok le pidió una lección sublime, y su maestro le dijo:

> *Visualiza a tu gurú supremo sobre la cabeza. Reza sin cesar para recibir los cuatro poderes y fusiona tu mente con la sabiduría del gurú. Piensa en todo lo que veas como en el cuerpo del gurú, en todo lo que escuches como en el discurso del gurú y en todos los pensamientos discursivos como productos de su mente. En síntesis, todos los fenómenos (animados e inanimados) son las manifestaciones del gurú. Mientras comas, visualízalo en tu garganta y ofrécele la comida como amrita, hacerlo disipará la corrupción y transformará la comida en ofrendas de* tsog. *Mientras duermas, visualiza al gurú en el centro de tu*

corazón, irradiando una luz que alcance a todos los reinos. Luego, imagina que te fusionas con la luz y te vuelves uno con el gurú. No sientas miedo ni confusión cuando la muerte se aproxime. Tranquilízate. Imagina que tu mente se fusiona de forma inseparable con la sabiduría del gurú y que permanece en ese estado, que es la transferencia de consciencia esencial para los moribundos. Aunque estudiaras conmigo durante cien años, no tendría mejor enseñanza que esta. ¡Recuérdala bien!

La enseñanza del maestro es muy valiosa y supera a cualquier joya del mundo que conceda deseos. Quien lea estas palabras, la expresión de la sabiduría más sublime, experimentará una visión refrescante. Si no fuera así, es que la persona tiene un corazón de piedra.

31 de marzo

Ser transformado

Al dedicar la mente a un camino espiritual, se produce un cambio en la actitud y en el comportamiento. La espada de la verdad es capaz de atravesar muchos problemas difíciles, impedimentos y preocupaciones del mundo secular.

El gran *siddha* tibetano Geshe Ben (Tsultrim Gyalwa) solía ser un bandido que aterrorizaba a las personas con sus actos brutales y asesinos. Al tomar consciencia de sus errores, enseguida abandonó esa vida fuera de la ley y se ordenó monje en un monasterio. Allí, con disciplina rigurosa y observación de sus faltas, alcanzó la realización y la dicha en su mente.

A través de la práctica diligente, el buscador espiritual llegará a la verdad del universo y de la vida humana. A medida que la semilla del Dharma brota en nuestra mente, las viejas percepciones, atadas por ocho preocupaciones mundanas, se hacen pedazos. De repente, la visión se abre, se vuelve tan ilimitada como el cielo azul y permite que la sabiduría y la compasión se expandan y crezcan.

Incluso alguien con fuerte apego a los asuntos seculares requiere tan solo fe y perseverancia para liberarse. Las enseñanzas de Buda servirán como una afilada pala de hierro que remueve el lodo de la fama y la fortuna para desenterrar los apegos terrenales.

Como practicante de la espiritualidad, ¿he alcanzado alguna transformación significativa?

3 de abril

Pensamientos aleatorios

En primavera, la festividad de Qingming es como el tradicional Día de los Muertos o de los Caídos de la China han, una jornada en la que se rinde homenaje a los ancestros y a los héroes caídos. Muchas personas se dirigen a las afueras de la ciudad con flores frescas para limpiar las tumbas de sus predecesores y mártires.

Existe un poema famoso que se asocia con este día:

La llovizna cae en el Día de los Caídos en primavera,
mientras que, quienes sufren, viajan con sus corazones
sumidos en la tristeza.
Al ser preguntado por una taberna donde descansar,
un pastor señaló una aldea entre flores de damasco.

Pero yo estaba solo, esperando en el hospital para que me hicieran mis exámenes físicos. Los demonios de la enfermedad han estado luchando guerras tan terribles dentro de mi frágil cuerpo que me han dejado ansioso e indefenso. Quienquiera que seamos, debemos enfrentar los misterios de la enfermedad a solas. Solo en la enfermedad experimentamos el sufrimiento del nacimiento, la enfermedad, el envejecimiento y la muerte de primera mano; sensaciones que, de otro modo, resultan lejanas cuando tenemos salud.

Tras esperar durante más de una hora en la administración del hospital, por fin, llegó mi turno. Una sola prueba de sangre cuesta doscientos sesenta yuanes, por lo que, al ver a tantos pacientes con ropas harapientas, me pregunto cómo podrán pagar sus gastos a los médicos. No es de sorprender que el dicho rece: «Si eres pobre, intenta no enfermar. El umbral del hospital es demasiado alto». La única alternativa para quienes no pueden pagar por su atención médica es esperar impotentes a la muerte. ¡Es lamentable!

A la espera del resultado del laboratorio, me senté debajo de un ficus, que se sabe tiene ciento cincuenta años. Me cuesta creer que el árbol sea mayor que mi bisabuelo; mientras que él ha partido hace tiempo, el árbol aún se alza allí majestuoso. ¡Qué increíble! La duración de nuestra vida humana no es comparable a la de los árboles. Aunque escapemos a la enfermedad, nuestros días son limitados. ¡La impermanencia es aterradora!

De camino a casa después de haber recibido el resultado, vi una construcción amplia, propiedad, según se decía, de alguien de edad avanzada. Al reflexionar sobre el anciano que se acercaba al final de su vida y sobre esa casa que permanecería firme después de su partida, me sentí apenado por quienes aún hacen planes a largo plazo. He pasado toda la mañana preocupado por estos pensamientos aleatorios en lugar de leer o recitar las escrituras. ¡Qué lástima!

5 de abril
En el balcón, al mediodía del Día de Qingming

Monja misionera

Al leer el título de la entrada de hoy, algunos se preguntarán por qué siendo budista de pronto me intereso por asuntos no budistas. Pero, en mi corazón, la persona que tiene mi respeto y admiración hoy, la renombrada Madre Teresa de Calcuta, es un buda o *bodhisattva*, más allá de la definición básica de la fe religiosa.

La Madre Teresa nació en una familia acomodada de la antigua Yugoslavia y estudió en escuelas católicas desde la niñez. A sus dieciocho años, se trasladó a Calcuta, en la India, donde, en principio, llevó un estilo de vida europeo en la comodidad de un monasterio con jardines muy cuidados. Sin embargo, la miseria del pueblo que vivía fuera del recinto religioso alteró su vida pacífica y protegida, pues ya no podía ignorar las miradas que suplicaban cuidado. Entonces, llevada por un propósito, se aventuró sola en los bajos fondos, en contra de la opinión de quienes la rodeaban. Cargó con valor sobre su fuerte espalda las penas y dolores de vivir en este mundo y, sobre sus frágiles hombros, llevó el peso de rescatar a los necesitados.

Existen muchas historias de cómo ayudó a personas que sufrían, personas abandonadas y despreciadas. Una de ellas relata que un hombre mayor se encontraba tendido en una cama, sin que nadie lo cuidara ni se preocupara por si seguía respirando. El único visitante al que esperaba era el Señor de la Muerte, pero quien llegó fue la Madre Teresa. Otra habla de un hombre ebrio tendido en la calle, golpeado y lastimado, quien tan solo esperaba indiferencia, a quien ella ayudó y escoltó hacia la Casa del Corazón Puro, fundada por ella.

Otro vagabundo, que estaba hecho un ovillo en la acera, con el cuerpo cubierto de heridas purulentas y larvas, recibiendo solo las miradas de desprecio de los transeúntes, hasta que la Madre Teresa atendió sus heridas y su corazón dolorido y le brindó consuelo y calor. Ella ha dejado su huella en más de medio mundo: Calcuta, Yemen, Londres, Melbourne, Nueva York y China. Fundó más de cien entidades de caridad para ayudar a personas en la pobreza y acogió a 61 273 bebés abandonados en apenas seis años.

Sus esfuerzos incansables alcanzaron reconocimiento mundial: en 1979 recibió el Premio Nobel de la Paz y se convirtió en un personaje famoso de la noche a la mañana. Donó todo el premio a la caridad.

A pesar de ser una monja católica, tenía mucho respeto por otras religiones, y los funerales de todos los pacientes se celebraban de acuerdo a la fe del difunto. Alcanzaba los corazones de todo el mundo con sus palabras amistosas y con su sencillez:

> *Hay hambre de comida y hay hambre de amor, de amabilidad, de consideración. Esa es la gran pobreza que causa tanto sufrimiento.*
>
> *Una sola gota de agua puede que no merezca la pena que sea reconocida; muchas gotas juntas forman un arroyo y brindan alivio a quienes están sedientos.*
>
> *Un solo hilo es insignificante, pero la combinación de varios hilos puede usarse para fabricar una ropa que brindará calor a quienes tiemblan de frío.*
>
> *Un solo grano de arroz apenas es visible, pero muchos granos de arroz hacen un tazón que brindará fuerzas a quienes sufren de desnutrición.*
>
> *Nosotros mismos podemos sentir que nuestros actos no son más que una gota en el océano, pero el océano sería más pequeño sin esa gota.*
>
> *No creo en los grandes actos. Para nosotros, lo importante son los pequeños actos individuales.*

Sigamos el ejemplo de la Madre Teresa y, con un espíritu humilde y dispuesto, renunciemos a la ambición de realizar tareas monumentales y comencemos a servir a la humanidad poco a poco.

9 de abril

Mente distraída

Este es un consejo de Longchenpa que de verdad valoro y que, aunque no he podido seguir al pie de la letra debido a mis dificultades, me gustaría compartir aquí:

Presta atención a tu propia mente en todo momento. Cuando no puedas evitar las distracciones, haz postraciones o circunvalaciones, posibles incluso en entornos que se presten a la distracción. Mantente lejos de las malas obras en todo momento. Si dispones de tiempo en soledad, practica la meditación samadhi *y otras prácticas elevadas, no pierdas el tiempo estando confundido.*

En otras palabras, no debemos permitir que las distracciones inútiles dominen nuestro preciado tiempo. Debemos asegurarnos de estar alineados con el Dharma en cualquier circunstancia y con cualquier ánimo.

Con disciplina, algunas personas son capaces de continuar con la práctica, aunque viven en ciudades bulliciosas, con muchas distracciones y entretenimientos. Incluso encuentran tiempo para recitar escrituras, meditar e incluso practicar yoga de los sueños sin necesidad de manifestaciones externas.

Gendun Chophel escribió:

Siendo consciente en medio de las distracciones
y con la mente despierta durante el sueño nocturno,

la persona sabia progresa rápido, como un valioso corcel,
que supera al galope a la gente corriente.

El erudito Tao Yuanming de la dinastía Jin decía en un poema:

Vivo en medio del ajetreo,
pero no me perturba ni el sonido ni la prisa.
Si me preguntáis cómo es posible:
una mente serena es un lugar en calma.

Aunque una vivienda se encuentre en una zona céntrica, el ruido y las voces de las calles no la invaden. ¿Cómo puede ser? Porque una mente pacífica convierte su entorno en un lugar agradable. Aun en medio del bullicio de este mundo, tener una mente aislada nos transporta de forma natural a un ambiente apartado.

12 de abril

Algunas reflexiones

Para poder recibir un tratamiento apropiado para mi enfermedad y disponer de un lugar tranquilo para trabajar en mis traducciones, he residido en Xiamen durante más de cien días. Ha sido una vida pacífica para mí, sin trabajo de oficina pesado ni mucha afluencia de visitantes. No había tenido que reiniciar mi trabajo como *khenpo* hasta hace pocos días, cuando alguien me reconoció en la calle.

Me invitaron a almorzar en el restaurante vegetariano Nanputo, y acepté de inmediato, ya que hacía tiempo que no recibía visitas y me sentía algo solo. De camino al restaurante, vi serpientes y aves enjauladas a las que pronto sacrificarían, entonces las rescaté y liberé en el bosque junto a la montaña, y eso hizo que el viaje mereciera la pena después de todo.

La decoración elegante y serena del restaurante hacía que uno se sintiera relajado mental y físicamente. Los cocineros y camareros ofrecían sonrisas cálidas y sinceras al servir nuestros platos, que estaban adornados con colores y aromas para despertar el apetito. Los rostros en la mesa lucían amigables y pacíficos, y todo el lugar tenía un ambiente armonioso y propicio.

Junto a nosotros se encontraba un profesor de la Universidad Xiamen, quien reflexionó:

Es más importante utilizar las Palabras de mi maestro perfecto como guía para crear bases más sólidas para el estudio espiritual. Si incluso los maestros iluminados como Patrul Rimpoché han recibido enseñanzas orales y han repetido las prácticas veinticinco veces, ¿qué podemos decir de personas corrientes como nosotros? Yo lo he leído cinco o seis veces, lo que me ha ayudado mucho a aplacar mis emociones negativas y a enfrentar las dificultades diarias. En el pasado, al no conocer el camino gradual, siempre me entusiasmaba la idea de recibir poder o de realizar supuestas prácticas profundas, sumido en un sinfín de pensamientos discursivos. Solo ahora me percato de que no existe enseñanza más elevada que las de este libro. Siguiendo sus pasos con fe, sin duda, llegarán los logros.

Me sentí encantado de escucharlo, pero mi alegría no se debió a la alta estima en la que me tenía, sino al hecho de que un chino han apreciara *Palabras de mi maestro perfecto* sin haber estado en la Academia Budista Larung. Su reflexión astuta y profunda fue bastante inusual. Esta obra de Paul Rimpoché es prioritaria en el programa anual de los monasterios tibetanos, y es una alegría que esta tradición comience a echar raíces en la China han. Este erudito parece conocer y tener buen entendimiento de la sabiduría espiritual.

14 de abril

Sobre las guerras

A falta de sabiduría, algunas personas creen poder alcanzar la paz y la felicidad haciendo la guerra. Sin embargo, existen lecciones duras desde tiempos inmemoriales que prueban lo absurdo de esta idea.

Para quienes no resultan afectados por el trauma de la guerra, no son más que informaciones en las noticias o dramas de televisión entretenidos, pero quienes lo han sufrido en persona se estremecerán ante cualquier relato relacionado. También las personas compasivas sentirán dolor al pensar en la guerra. Las guerras provocan daños irreparables en los corazones de muchas personas, dañan paisajes hermosos hasta volverlos irreparables, manchan de sangre las sábanas blancas de la historia. Por ellas, muchos inocentes padecen largos períodos de violencia y de caos, y mucho dolor. Millones de personas han sido obligadas a abandonar sus hogares y han quedado desamparadas, e innumerables familias han quedado deshechas y sus miembros han tenido que dispersarse. Y todo esto por causa de personas que desean explotar recursos, competir por territorio y tener poder. Algunos idiotas incluso planean obtener grandes ganancias con los negocios de la guerra, sin pensar en las consecuencias terribles que caerán sobre ellos mismos.

Todos los conflictos, desde las guerras entre países hasta los familiares, tienen origen en la falta de sabiduría. Como practicantes espirituales, no debemos iniciar guerras, sino rezar por la paz en el mundo, de las familias y de nuestras mentes.

18 de abril

Estanque de lotos

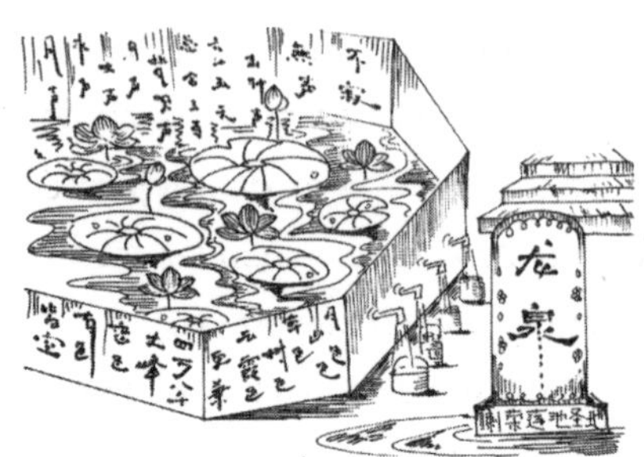

Frente al salón principal de la Academia Budista Minnan hay un estanque amplio en el que los lotos florecen en primavera. Cuando después de la lluvia sale el sol, las gotas de agua cristalina que resbalan por sus hojas y capullos reflejan colores intensos y llaman la atención. Las hojas verdes, siempre elegantes y serenas, dan vigor al estanque, por el que se deslizan libélulas y aves mientras deleitan sus corazones con la fragancia de las flores. Los peces rescatados de perecer bajo los cuchillos ahora nadan a gusto y conversan con las flores sobre las maravillas de la libertad. Los árboles en la orilla están engalanados con retoños verdes, como si realizaran una ceremonia para recibir a las golondrinas a su regreso. Los monjes pasean y meditan. ¿Acaso resonará en sus corazones la revelación: «¡Mirad! Aquí en la rama, la primavera está en su plenitud»?

¿Ese escenario primaveral embriagador será una manifestación de Buda y de los *bodhisattvas*? Inmerso en ella por completo, no solo me siento refrescado mental y físicamente, sino que me siento inspirado para ver la profundidad de este poema zen:

Los bambúes, verdes y vibrantes, no son más que una muestra de sabiduría.
Las flores, amarillas y exuberantes, son la expresión del Dharmakaya por completo.

Los monjes de la Academia Budista Minnan han diseñado este estanque de lotos con mucho esmero, de modo que el muro que lo rodea amortigua el bullicio de la ciudad y ofrece un sitio tranquilo para los practicantes. No es de sorprender que a los estudiantes de la vecina Universidad de Xiamen les guste disfrutar de la soledad del monasterio mientras hacen sus tareas.

Esto me recuerda a un par de pareados poéticos:

El viento, el agua, los insectos, las aves, los cánticos
y el tañido del gong durante trescientos sesenta y cinco días;
todos los sonidos son solo silencio.
La luna, las montañas, las briznas, los árboles, los atardeceres
y las cuarenta y ocho mil colinas y terrenos;
todos los terrenos son solo vacío.

Si se pusieran en la sala principal, estos pareados podrían inspirar a quienes los leyeran.

Realizar prácticas espirituales en un escenario como este es una bendición. ¡Desearía tener un estanque de lotos como este en Larung Gar!

19 de abril
Junto al estanque de lotos

Bellas canciones

Hace muchos años, había una bailarina de una belleza arrolladora llamada Dama Incomparable. Su danza era fluida y grácil; su cantar, prístino como música celestial, provocaba en muchos un deleite enorme. La letra de una de sus canciones en especial inspiraba la contemplación profunda en quienes la escuchaban:

Con la mente siempre habitando en el Dharma,
ya no caeremos en actos faltos de virtud ni en mundos inferiores.
Con la luz radiante, la oscuridad desaparece;
¡qué pena si alguno todavía sigue el camino equivocado!

Al escuchar esta canción, aquellos con la mente distraída se sumieron en sus pensamientos. Los ministros que conspiraban para acabar con la vida del rey dejaron atrás sus intenciones maliciosas. El monje ascético que deseaba regresar a la vida secular abandonó la idea. Quienes se encontraban aquejados por emociones tormentosas se liberaron de ellas. De este modo, todos (desde el rey hasta los ciudadanos) se vieron inundados de una dicha incomparable a través de su canto.

Esta es una historia real; en esos tiempos, el karma de las personas estaba menos corrompido, por lo que incluso una canción sencilla era capaz de despertarlas. Sin embargo, hoy en día, las masas están obsesionadas con cosas insignificantes, y con música y bailes agitados que incitan sus deseos. En este contexto, las lecciones espirituales, incluso las enseñanzas esenciales, llegan a oídos que no los escuchan o son vistas como zapatos desgastados. ¡Cómo han cambiado los tiempos!

Las canciones y melodías antiguas son ricas en mensajes espirituales, y una persona sabia las exprimiría para extraer su néctar. Aunque algunas enseñanzas puedan parecer simples y llanas, no las toméis a la ligera. Cada verso, analizado con profundidad y practicado con seriedad, tiene el poder de sanar emociones tormentosas.

21 de abril

La cima

El paso por la vida humana es duro y accidentado; el camino hacia la liberación es sinuoso e irregular. El cobarde, que teme a las dificultades, nunca se atreve a mirar hacia lo alto de la montaña. El héroe, armado de diligencia, emprende con valor el ascenso a la cima de la realización espiritual.

Hay personas de muchos lugares que se reúnen en la ladera de esta montaña y eligen el camino de acuerdo a la inclinación, pero solo el que sube a la cima es un verdadero campeón. Los guerreros con determinación inquebrantable y valor indomable no se acobardarán frente a los obstáculos del camino ni a las colinas empinadas, las rocas salientes ni los cardos espinosos. Avanzarán por los caminos sin dudarlo, con persistencia y resolución, hasta que, tarde o temprano, alcancen la cima de sus aspiraciones más profundas. Desde allí, los paisajes más asombrosos quedarán a sus pies y las montañas distantes parecerán encogerse ante sus ojos.

En el ascenso, las personas con visiones equivocadas podrían perderse en la espesura del bosque; aquellas cuya fe sea débil podrían perder la confianza y regresar al principio del camino; los practicantes de *theravada* podrían detenerse a medio camino por fatiga e inactividad; quienes buscan ganancias terrenales podrían sentirse cautivados por el paisaje pintoresco y desviarse del camino; y los practicantes de *vajrayana* subirían al teleférico y llegarían a la cima sin dificultades.

Solo en la peligrosa cima se obtiene una vista sin límites. Sin embargo, la cumbre está reservada para los impertérritos y valerosos, no para los tímidos, ni para los no creyentes y perezosos.

22 de abril
Picos Wulao, Xiamen

Nísperos

Debido al fenómeno de El Niño, el clima primaveral es muy caluroso y húmedo, casi veraniego. Por la calle, he visto a un vendedor con una cesta llena de unos frutos dorados con hojas verdes y de apariencia fresca y jugosa, que hacían la boca agua de cualquiera que los viera. Era la primera vez que veía esas frutas, y el vendedor me dijo que eran nísperos japoneses. Cuando pelé uno y le di un bocado, la boca se me llenó de un jugo dulce y refrescante, ¡ñam! ¡Un fruto tan delicioso debe ser un regalo del reino de dios! Después de regatear con el hombre, compré algunas docenas a un precio elevado y corrí a casa pensando en saborearlos mientras leía.

Al pasar las páginas de la *Gran biografía del Buda Shakyamuni. El loto blanco,* leí lo siguiente: «¿Cuántas personas en el mundo disfrutarán de la felicidad eterna? ¿Cuántas sufrirán miseria infinita? ¿Cuántas no han experimentado nunca el sufrimiento? Después de haber alcanzado la felicidad, ¿cuántas la han disfrutado para siempre?». El camino de la vida tendrá felicidad, sin duda, pero también sufrimiento. Sin importar quiénes seamos, experimentaremos lo agridulce de la vida. Por lo tanto, la persona sabia debe enfrentar las altas y bajas con calma, sin volverse arrogante en el éxito ni desanimarse en el fracaso.

El antiguo *Tao Te Ching* chino también dice:

> «La buena fortuna sigue al desastre; el desastre acecha en la buena fortuna».

La buena y la mala fortuna se alternan. Todo es relativo e impermanente, por lo tanto, cuando exista una emoción fuerte de placer o dolor, debemos mirar su esencia de frente. Es una forma crucial y decisiva de practicar en momentos felices y tristes.

Perdido en estos pensamientos, olvidé por completo mi plan de disfrutar de los nísperos. Sin embargo, he saboreado algo mucho más delicioso en la lectura: la enseñanza del sabio es el níspero más jugoso del mundo, nunca se echará a perder y podrá ser disfrutado aún cien o mil años después.

23 de abril

Pregunta y respuesta

Hoy el maestro de la Academia Budista Minnan me ha preguntado: «¿Buda aún percibe a los seres sintientes después de haber alcanzado la budeidad?». Muchos budistas suelen hacer esta pregunta. Algunos responden: «Un buda iluminado ha dejado atrás toda concepción de sí y de otros seres, por lo tanto, no percibe a otros seres sintientes». Pero otros dicen: «¿Cómo podría Buda amansar a los seres sintientes si no fuera capaz de verlos?».

La respuesta es la siguiente: para el Buda iluminado, con esa sabiduría que conoce la naturaleza de las cosas, todos los fenómenos se encuentran en igualdad. Buda nunca se detiene a pensar en un ser, criatura o persona individual. Con esa sabiduría que percibe cualquier fenómeno existente, Buda conoce cada pensamiento y detalle de todos los seres sintientes sin apego o confusión.

Esta enseñanza de Rongzom Pandita ofrece un ejemplo: se encuentran dos personas en una habitación; una está soñando; la otra, que tiene el poder de leer la mente de los demás, está despierta y ve el sueño de la primera, pero no se apega a lo que ve, pues sabe que es un sueño. Si el soñador tuviera pesadillas o estuviera sufriendo, el otro podría usar su poder milagroso para disipar el terror hasta que despierte. Buda conoce los pensamientos conceptuales y fenómenos de los seres sintientes de este mismo modo. No tiene apegos y, con los medios apropiados para cada individuo, lleva a cada uno al camino de la liberación.

El maestro Dharmakirti dice: «La sabiduría de Tathagata es inconcebible». Y, de hecho, si ni siquiera un *bodhisattva* de nivel *bhumi* llega a hacerse una idea de la sabiduría y las cualidades de Tathagata, mucho menos los seres comunes. Antes de comprender la sabiduría de Buda, debemos tener una fe sólida y confiar en la autoridad de las escrituras.

24 de abril

Masajes

Sigo el consejo de mi médico de recibir un tratamiento de masajes a diario y, dado que nos vemos todos los días, mi masajista y yo nos hemos hecho cercanos. Es un hombre muy hábil en su trabajo y un buen conversador. Después de que me recostara, comenzó a hablar: «Vosotros los budistas siempre estáis hablando de la retribución kármica. El karma es algo en lo que deberíamos creer. Mi vecino era despiadado con sus padres, y resultó que su esposa huyó con otra persona. Yo he nacido ciego; debí de haber hecho algo malo en el pasado. Por otra parte, también debí de haber hecho cosas buenas, porque he podido aprender mi oficio y ganarme la vida».

Pensé en sus palabras durante un tiempo, hasta concluir que, con frecuencia, las personas videntes no lo hacen tan bien o mejor que una persona ciega. Ignoran el principio de causa y efecto y caen en acciones hostiles. Frente a la mala fortuna, solo culpan a su suerte y a terceros. No toman en cuenta el siguiente adagio:

Si quieres saber lo que has hecho en tus vidas pasadas,
observa cómo ha sido esta vida.
Si quieres saber cómo podrían ser tus vidas futuras,
observa lo que has hecho en esta vida.

Nuestra suerte, buena o mala, resulta de nuestros actos. Si todos creyeran en la causalidad, como mi masajista, habría más decencia y menos hostilidad en el mundo.

Mientras me encontraba perdido en mis pensamientos, sentí un golpe repentino en la espalda que me hizo gritar de dolor.

—¡Ah! ¡Controle su fuerza!

—Me he excedido. ¡Lo siento! —se disculpó el hombre.

—En el budismo tibetano, hay un gran maestro llamado Mipham Rimpoché, quien una vez dijo: «Aunque el mundo esté lleno de seres malignos, debemos mantener la nobleza en la conducta». Este dicho te beneficiará, aunque no seas budista. Debes ser como la flor de loto, que crece en el lodo sin suciedad —le respondí.

—Muchas gracias por su consejo. Lo seguiré fielmente.

El golpe que he recibido hoy pudo haber sido resultado de mi karma, pero si este episodio puede llevar a que mi masajista se acerque más a la verdad, habrá valido la pena.

25 de abril

Buena charla

Detrás de la Academia Budista Minnan se eleva una pequeña colina llamada pico de Wulao, que, a pesar de no tener la altura imponente de las montañas del Tíbet, ofrece un entorno encantador para caminar y disfrutar de una vista panorámica de la zona. Subir a su cima y ver debajo toda la extensión de la ciudad de Xiamen inspira el dicho «Una vista desde Wulao empequeñece a la provincia de Fujian».

La colina cuenta con bosques frondosos, hierba verde, aves cantoras e insectos que chirrían. A mitad de camino, se encuentra el palacio Arinya, un santuario que suelen visitar los residentes, y que invita a la meditación espiritual. Allí fue donde Jiqun, el maestro de Dharma, y yo acordamos reunirnos. El maestro está esforzándose desde hace tiempo en expandir el budismo y es muy respetado por sus logros. Ha entrenado a muchos monjes, monjas y profesionales laicos que hoy desarrollan actividades de Dharma en muchos sitios. Verlo y hablar con él es un enorme placer.

Mientras compartíamos un té kungfu, la infusión del pueblo de Min, intercambiamos pensamientos y experiencias. Yo mencioné algunas tradiciones del budismo tibetano, cómo sigue a mentores espirituales y muchas historias conmovedoras de maestros del pasado. Nos detuvimos para comentar las historias más inspiradoras; yo mencioné también que escuchar, reflexionar y meditar sobre las enseñanzas es fundamental y no se puede prescindir de ello. Él estaba de acuerdo y afirmó suspirando que, de hecho, en estos «tiempos de las cinco degeneraciones», las personas deben trabajar en las tres herramientas de la sabiduría para establecer la visión correcta y acabar con las emociones dolorosas. Al escuchar sus palabras, me sentí como Boya cuando conoció a su alma gemela, Ziqi. El objetivo del budismo es empoderar a las personas para que superen emociones confusas. Cualquier esfuerzo, como construir templos o erigir estatuas, es superfluo y es en vano a menos que las enseñanzas de Buda vivan en la mente y se apliquen a las actividades diarias. Por desgracia, muy pocas personas comprenden esta verdad.

Sin que nos diéramos cuenta, el sol comenzó a ponerse en el oeste. Era la hora de irme, y lo hice con el deseo de tener otra conversación de corazón a corazón mientras continuemos en este plano. Sin embargo, dado que la impermanencia habita en todas partes, ¡temo que este deseo podría no hacerse realidad!

26 de abril

Instrucción esencial

Jigme Tenpai Nyima, de Pema, Qinghai, fue el discípulo principal del gran Ju Mipham Rimpoché y, con apenas ocho años, era capaz de brindar enseñanzas brillantes sobre *Los caminos del bodhisattva*. Para hacerlo, solía cargar un portapapeles casi tan alto como él (los portapapeles tibetanos tradicionales, de brocado de seda con bambú, miden alrededor de sesenta centímetros). Incluso yoguis experimentados se maravillaban al verlo y lo llenaban de halagos. Patrul Rimpoché comentó satisfecho: «¡El que Tondup Rimpoché (otro nombre de Jigme Tenpai Nyima) enseñe el Dharma a los ocho años, demuestra que la tradición nyingma se eleva y que el futuro es brillante!».

Jigme Tenpai Nyima ha dejado numerosos poemas y enseñanzas preciadas sobre la Gran Perfección y la Gran Red de Ilusión Mágica para las generaciones futuras. Hoy he elegido un pasaje de sus enseñanzas: «La conciencia natural y atemporal es difícil de alcanzar para personas inclinadas a la especulación y al análisis intelectual. El verdadero rostro de la mente solo puede verse a través de las plegarias constantes al lama, hechas con devoción y con fe, y acompañadas por una práctica diligente. A medida que mejoremos, es posible mantener el reconocimiento de la mente incluso al leer obras como los *Siete tesoros*. Nuestra comprensión y capacidad de discernimiento crecerán poco a poco y nos traerán grandes beneficios».

Observar la propia mente o cantar mantras al leer es fantástico. Realizar tareas simultáneas puede ser difícil para un principiante, pero lograrlo es cuestión de tiempo. Muchos *khenpos* de Larung se han hecho adeptos y así han logrado sumar una gran cantidad de recitaciones con los años.

Sin embargo, hay personas que se tienen en tan alta estima que no se molestan ni en leer libros ni en recitar mantras. Desperdician sus preciosas vidas en actividades fútiles ¡y no merecen ser llamados «practicantes»!

28 de abril

Tesoro del corazón

Un maestro nyingma no dejará muchas posesiones terrenales a sus herederos como un magnate. Sin embargo, consigue reunir joyas deslumbrantes de sabiduría y compasión en colecciones que no tienen comparación con ninguna herencia mundana. Quien posea la llave de la fe encontrará en esos cofres gemas que le brindarán alegría infinita.

Hoy he hecho un viaje de búsqueda del tesoro a la cámara de Lhala Chodri Rimpoché. Estaba colmada de innumerables joyas que me han puesto muy eufórico, pero que mis limitadas fuerzas no me han permitido cargarlas todas y solo he podido llevarme un pasaje sobre el reconocimiento de la naturaleza de la mente. Por mi ansiedad de compartir, presentaré mi traducción para que la disfruten mis queridos amigos del Dharma. Sin embargo, quienes no hayan recibido la enseñanza de la Gran Perfección deben contenerse de leerla, de lo contrario, podrían sufrir una reprimenda de los Protectores del Dharma.

Esta es una breve muestra de su esencia:

Todos los fenómenos aparecen a causa de la mente. Cuando se investiga la mente que tiene un pensamiento, no puede identificarse nada, ni formas ni colores. La llamada «mente sin comienzo» no es más que un concepto; una investigación exhaustiva del «yo» y de «mi mente» solo arroja vacío, sin nada sustancial más allá, esa es la visión de Madhyamaka. Al dejar de pensar, la mente está calmada de forma natural en el vacío, mientras se produce un despliegue incesante de fenómenos. El mundo de la Gran Perfección es este estado de autoconocimiento naturalmente lúcido.

Por lo tanto, una persona permanece sin distracciones externas, limpia de pensamientos discursivos sutiles, y está en calma en un estado de consciencia vívido.

Es fundamental entrenar la mente de este modo, como a un río agitado e incesante. Además, hay que practicar actividades de apoyo, como encontrar refugio, generar bodhichitta, *practicar el yoga del gurú, observar las virtudes mundanas y abandonar el mal.*

Yo, el viejo yogui de Nyingmapa, Sonam Khyentse [Lhala Chodri Rimpoché], no tengo más prácticas diarias que estas. ¡Que los seres de buen karma conozcan este tesoro del corazón!

¿No somos afortunados de encontrarnos con este hermoso tesoro del corazón? ¡Atesorémoslo a diario! Sin embargo, algunas personas creen que ya cuentan con las facultades de la Gran Perfección y consideran que encontrar refugio, generar *bodhichitta*, practicar el yoga del gurú, observar las virtudes mundanas y abandonar el mal es para personas aburridas, así que lo ignoran y no se molestan en practicar. ¿Creen que sus habilidades superan a las de nuestros maestros de linaje?

Los tesoros del corazón transmitidos por los maestros del pasado se nos revelan ahora por completo. Debemos reflexionar en ellos con profundidad, palabra por palabra, y fusionarlos en nuestra corriente mental. Luego, después de haber reconocido la naturaleza de la mente, continuaremos la meditación durante un largo tiempo. Solo de este modo podemos probar ser dignos de las bendiciones de nuestros maestros y de las Tres Joyas.

29 de abril

Proyecto terminado

Siento que hoy merece ser conmemorado por un importante logro en mi vida: he terminado la traducción de la *Gran biografía del Buda Shakyamuni. El loto blanco,* tarea que comencé el 25 de diciembre de 2001. Durante el día, las personas de Xiamen celebraron la Navidad de varias formas, mientras que yo me contenté observando los festejos de la calle como si fuera una celebración por el inicio de mi proyecto de traducción.

El buda Shakyamuni, fundador del budismo, ha realizado innumerables actividades de las Seis Perfecciones Trascendentales desde su aspiración inicial hasta su iluminación. Sus actos son historias muy conmovedoras, que me llegan al corazón cada vez que las leo, por ello me he sentido inspirado a traducir su biografía para que otros pudieran apreciarla. Hoy me alegra ver que, por fin, he cumplido con mi objetivo.

El lanzamiento de mi traducción el año pasado también coincidió con la construcción de un rascacielos frente a mi residencia, para cuya inauguración adornaron todo con banderines de colores y contó con una multitud de visitantes. Según se ha dicho, la construcción es un proyecto costoso de ingeniería moderna que ha movilizado a cientos de trabajadores. Mi proyecto es humilde frente a uno de tal envergadura; yo no cuento con un séquito de trabajadores ni con una considerable financiación, solo con un corrector para mi escritura. Sin embargo, tenemos fe inquebrantable en el Buda que hace brillar las actividades mundanas, y eso es suficiente para elevarnos a la categoría de honorables indomables de espíritu.

Después de más de cien días de trabajo, el edificio está en la última etapa de construcción y pronto estará listo para que sus dueños lo ocupen. Del mismo modo, mi proyecto ha llegado a la recta final. Los constructores han de sentirse felices por sus notables logros, y yo también me siento orgulloso de mi contribución, que es más significativa. En algunos cientos de años, los edificios de cemento, ladrillo y cerámica habrán desaparecido sin dejar rastro, pero, al contrario de esta impermanencia, el legado espiritual de Buda perdurará. Seguirá despertando la fe en lectores en todos los continentes y a lo largo de generaciones, ajeno al tiempo y al espacio, y los llevará al camino de la liberación.

La mejor herencia para las generaciones futuras no son edificios imponentes, oro, plata o joyas, sino una mansión espiritual que proteja a la mente de las tormentas del engaño.

3 de mayo

Cuatro de mayo

Hoy es el Día de la Juventud en China, fecha que conmemora el movimiento del Cuatro de Mayo que agitó a la nación en 1919. Con el paso del tiempo, la juventud ya no le da importancia a luchar contra el feudalismo y la opresión, sino que celebra el día de diferentes formas.

En cuanto a mí, fui a una salida para liberar animales cautivos acompañado de gente joven. Tres barcos llenos de criaturas marinas que habían estado en riesgo de morir partieron desde la costa en una formación imponente. Hubo una convocatoria de doscientos participantes, entre ellos, budistas de Xiamen, monjes y monjas de monasterios y academias cercanos, laicos de Fuzhou, Taiwán y Hong Kong. Frente al mar, las túnicas monásticas amarillas y marrones junto a las prendas de colores de los lugareños componían un escenario vistoso y alegre, una imagen impresionante de ver.

Durante los cuatro meses que pasé en esta ciudad costera, el olor a pescado que invadía el aire cada día penetraba por las ventanas durante las horas del almuerzo y de la cena, lo que hacía que mi amigo, también del Tíbet, y yo perdiéramos el apetito. Siempre deseábamos salvar a peces, crustáceos y otras criaturas de su destino bajo el cuchillo, pero apenas hoy hemos podido cumplir nuestro deseo. La cantidad de vidas que salvamos no tiene comparación con las que se pierden en la ciudad, pero estamos agradecidos por la oportunidad de haberlo hecho.

En una ocasión, el magistrado de una ciudad, llamado Pan Gong, prohibió que sus ciudadanos atraparan peces vivos e impuso castigos a quienes lo hicieran. Unos años más tarde, cuando estaba próximo a dejar su cargo, se escuchó desde el agua un lamento agudo, que sonaba tan afligido como el causado por la pérdida de un padre, y el grito llenó los corazones de quienes lo oyeron de tristeza y desconcierto. Suelo rezar para que alguna vez haya en Xiamen un magistrado tan benevolente como él, que salve a innumerables seres de la muerte. De todas formas, la práctica de salvar vidas ya se ha establecido aquí, según me han dicho, mayormente debido a que un laico aspirante ha distribuido aquí gratuitamente diez mil ejemplares de *El mérito de liberar seres vivos*. De ese modo, la tradición ha ido creciendo poco a poco.

Se dice que la actividad de rescate de hoy fue la más grande en los últimos años. Sin embargo, aparte de su envergadura, hemos dado un gran paso en contra de la opresión en nombre de esas criaturas marinas. El valor de las buenas obras no depende tanto de la escala como de la consistencia. Si se practica la virtud a diario y se potencia cada mes, podemos tener la esperanza de que la tragedia de quitar otras vidas ya no exista en cien años.

4 de mayo

En paz

Las personas que viven en el mundo (nobles y plebeyos, ricos y pobres, poderosos y humildes) sufren cambios de humor que oscilan entre la felicidad y la tristeza a menos que hayan alcanzado la realización. Cualquier sufrimiento mental (remordimiento, fatiga, dolor, odio y apatía) puede aparecer sin razón. A veces, de pronto, todo parece confabulado en nuestra contra. En otras ocasiones, nos sentimos dichosos, enérgicos, alegres y despreocupados, como si el mundo existiera solo para nosotros. De este modo, quien sea incapaz de controlar su humor estará a merced de esta tortura que, como una montaña rusa, se produce entre dulzura y amargura.

Como buscadores espirituales, debemos reconocer que todos estos cambios de humor son demostraciones fantasma de nuestras mentes confundidas. Se dice que: «La tranquilidad y la paz son la naturaleza de las cosas; el ajetreo y el desorden son fabricaciones humanas». Al enfrentarnos a los altibajos de este mundo, debemos permanecer imperturbables y guardarnos de los cambios de humor extremos.

Khenpo Losang Chophel es un gran ejemplo en la Academia Larung. Allí, los muebles son casi los mismos desde hace más de diez años. Sus ruedas de oración, escritos, estatuillas, hornillos portátiles y artículos de uso diario se encuentran muy bien ordenados, lo que es agradable a la vista y calma la mente. Él suele sentarse erguido en la cama para leer o practicar y, sean los que sean los cambios turbulentos del mundo que lo rodea, está listo para enfrentarlos con serenidad.

¿Y qué hay de una persona como yo? Poco después de haber llegado a Larung, tomé prestado un lugar, construí una casa de paja, una casa de piedra y, por último, una casa de madera de dos habitaciones. He destinado mucha energía a esas tareas frívolas y, agobiado por la idea de ofrecerle alojamiento temporal a mi cuerpo físico, continué haciendo planes de remodelación. Solía preguntarme: «¿Cuándo estaré conforme con una choza pequeña en donde pueda sentarme en la cama y sumergirme en el Dharma?».

Las personas se llenan de ocupaciones. Hoy cantar con alguien vestido con una túnica blanca; mañana, bailar con alguien con chaqueta negra; pasado mañana, ir al bar con alguien de vestido rojo. Para un seguidor del Dharma, hoy es una meditación zen; mañana, cantar el nombre sagrado del buda Amitabha; pasado mañana, recibir el empoderamiento de la Gran Perfección. Pero, aunque proclamen que estas actividades combinan el abordaje zen, la Tierra Pura y el Mantra Secreto en uno, no logran nada.

Una persona realmente espiritual ve la vanidad del mundo como algo tan efímero como una nube. Un verso de *Las raíces de la sabiduría* dice:

Indiferente por ganar o perder un favor,
observo cómo las flores nacen y se marchitan.
Despreocupado por conservar o abandonar un puesto,
permanezco tan tranquilo como las nubes que ruedan y
desaparecen en el cielo.

¿No deberíamos aspirar a un estado mental semejante?

6 de mayo

Raíz de loto

Mi amigo compró varias raíces de loto y las dejó sobre la mesa. Esas raíces blancuzcas lucían tiernas y tentadoras y, para satisfacer mi curiosidad, mi amigo me contó cómo crecían y se usaban. Gracias a él aprendí que son muy valiosas para la medicina tradicional china; al comerlas crudas, disipan el calor, nutren los pulmones, refrescan la sangre y promueven la circulación. Cocidas, fortalecen el bazo y estimulan el apetito. Previenen la diarrea y vigorizan la mente. Por último, pueden favorecer una vida larga y saludable. Confucio decía: «En una fiesta de tres, debe haber alguien de quien pueda aprender algo». Soy afortunado de estar con un amigo tan sabio.

La raíz del loto crece en el lodo, pero permanece blanca. El tallo es recto y hueco, sin ramificaciones. Su centro vacío representa la humildad; su rectitud simboliza un carácter recto y firme; la falta de tallos ilustra que no tiene pensamientos discursivos ni apegos externos. Su raíz es valorada desde tiempos antiguos y hoy es popular entre personajes famosos. El poeta Hanyu lo dice de este modo: «Fría como la escarcha y dulce como la miel. Prueba una pizca y todas las dolencias desaparecerán». Sima Xiangru, de la dinastía Han, escribe en su *Oda al jardín imperial*: «Bandadas de aves acuáticas se alinean en la superficie del río y flotan con suavidad en la marea. Otras aves se apostan en los islotes de arena cubiertos de maleza, pían y cantan mientras picotean las algas y hierbas acuáticas o disfrutan de masticar bayas y raíces de loto».

Además, la raíz de loto ha sido el sustento de muchos practicantes antiguos mientras llevaban a cabo austeras disciplinas. También la *Gran biografía del buda Shakyamuni. El loto blanco* nos cuenta que, cuando era un practicante brahmín ascético en las montañas, su principal fuente de alimento eran las raíces de loto.

De hecho, las raíces son una planta fantástica con poderes benéficos. Comerla nutre nuestro cuerpo, y al emular su esencia elevamos nuestro espíritu. ¿Qué otra comida la supera otorgando dos beneficios en uno? A partir de ahora, comeré más raíces de loto, ya que son un alimento bendito por Buda.

7 de mayo

Seguir adelante

Desde la juventud hasta la adultez, la persona a la que más he admirado ha sido Lama Yiluo. Era un hombre de principios sólidos, cuya mano siempre sostenía cuentas de japa mala para meditar y cuya boca siempre recitaba mantras. Su rostro tenía la cicatriz que le dejaron unos ladrones en su juventud, cuando iba a Lhasa a pie, pero en lugar de verse como un defecto, lo hacía aún más agradable.

Cogí una habitación en su casa con pensión completa mientras yo asistía a la escuela preparatoria y, cada día antes del amanecer, se levantaba para hacer postraciones y rezar oraciones. Después del desayuno, leía y recitaba sus *sadhanas* del Dharma diarios. Por las tardes, se sentaba a meditar y por las noches recitaba las escrituras. Ha mantenido la misma rutina sin interrupción durante más de diez años.

En aquella época, yo daba por sentado que todos los practicantes se comportaban de ese modo y creía que no había nada de especial en ello, pero ahora sé que tanto yo como los demás solo practicamos por épocas. Lo hacemos con seriedad solo cuando estamos de ánimo, pero cuando no, nos distraemos y dejamos la práctica de lado. Este contraste hace que su perseverancia sea aún más admirable.

En el momento de su partida a los ochenta y siete años, había acumulado la recitación de quinientos millones de mantras, una cifra impresionante. Me siento avergonzado al comparar mi modesto compromiso con el suyo.

El *Tratado mahayana Abhidarma* dice: «Los practicantes en el camino de acumulación deben comprometerse en el estudio, la contemplación y la meditación del Dharma. Para aplacar a los seis sentidos, aliméntate de forma apropiada y evita dormir al inicio o al final de la noche (duerme solo en la mitad de la noche)».

Un viaje de mil kilómetros no puede lograrse sin sumar un pequeño paso detrás del otro.
Sin la unión de muchos arroyos diminutos, no habría grandes océanos.

El compromiso intermitente no lleva a nada, solo la perseverancia a lo largo de la vida es lo que cuenta.

8 de mayo
Escrito en una agradable mañana de primavera

Accidente aéreo

He pasado cuatro meses despreocupados y notables en Xiamen. Gracias al entorno agradable que la ciudad nos ha aportado a mi amigo y a mí (con un paisaje hermoso y un clima propicio, por ejemplo), he podido terminar mi traducción de la *Gran biografía del Buda Shakyamuni. El loto blanco.* Ahora es momento de que me despida con pesar de Kulangsu, de su brisa con aroma a coco, y que diga adiós al escenario tranquilo del pico de Wulao. Volveré a Chengdu y dejaré a Xiamen atrás.

Hace dos días, un avión que volaba desde Pekín hacia Dalian cayó en el mar cerca de su destino y más de cien personas perecieron; viejos y jóvenes, mujeres y hombres. La noticia ha conmocionado al mundo y nos ha perturbado a mí y a quienes me rodean. El aeropuerto parecía más desértico de lo habitual, ya que muchos pasajeros han cancelado sus vuelos para burlar a su suerte. Quienes abordaron el avión parecían ansiosos, como si acabaran de percatarse de que sus vidas estaban a merced del Señor de la Muerte. En realidad, la vida humana es muy frágil, y la muerte siempre pende sobre nosotros, en el suelo o en el aire. Un ser vibrante y lleno de vida puede quedar reducido a mil pedazos en un instante.

La escritura dice:

Seres humanos, jóvenes o viejos, listos o tontos,
todos marchan siempre
hacia los dominios de la formidable Muerte;

todos respirarán su último aliento.
En el aire, en el mar o en el valle,
no hay lugar seguro donde esconderse,
pues no hay sitio donde la Muerte no pueda llegar.

Las víctimas de la catástrofe provenían de diferentes países y eran de diversas edades y géneros. Todas vivían sus vidas hasta que se encontraron con un mismo destino y murieron en el aire sobre el océano Pacífico. Tristemente, parece que no hay garantías de nada pacífico sobre dicho océano.

Frente a la hora de la partida, aunque poseamos todas las riquezas de Yambuduipa (el continente donde residen los humanos), es imposible sobornar a los agentes de la Muerte. Aunque nos encerremos en una cámara custodiada por cientos de miles de guardias, no podemos escapar de sus garras.

Muchas personas en su lecho de muerte no pueden evitar sentirse desesperanzadas. ¿Pero no deberíamos todos, que vivimos un tiempo prestado, prepararnos para el final inevitable?

9 de mayo

Felicidad verdadera

¿Qué es la verdadera felicidad? Las personas tienen respuestas diferentes para esta pregunta. Para quienes aman el dinero, ser felices es ser ricos; para quienes desean la gloria, lo es ser famosos; para quienes desean intimidad, encontrar el amor es la felicidad verdadera; para una persona sabia, seguir el camino espiritual lo es. De hecho, estas definiciones tan diversas demuestran que cada persona tiene su propia interpretación de la felicidad.

Sin embargo, en una evaluación más detallada, quienes persiguen la fama y el placer nunca alcanzarán la felicidad verdadera. Mipham Rimpoché dice: «Una persona cuya mente se ve azotada por el oleaje de pensamientos discursivos nunca experimentará felicidad en la práctica». Él reprendió a sus estudiantes occidentales: «Las riquezas y la abundancia de las que gozáis, occidentales, se comparan con las de los reinos celestiales. Pero dormís en lechos de espinas, y no importa cuánto os mováis, no os sentís cómodos. Hasta que no os liberéis de las emociones negativas, la felicidad siempre os evitará».

La supuesta felicidad del mundo terrenal no es más que una causa de sufrimiento samsárico. Cuánto más os aferréis a placeres ilusorios, más fuertes serán las garras del samsara. ¡Solo es posible disfrutar de la felicidad eterna dejando de aferrarnos a nosotros mismos por completo!

12 de mayo

Tesoros ocultos

Ante la mención de «tesoros ocultos» (*terma*), la mayoría de los budistas asumen de inmediato que es algo especial del linaje *nyingma* del budismo tibetano, pero esta idea es señal desinformación.

En el *Sutra de permanencia en Samadhi*, Buda dice:

> *Al pasar hacia el nirvana, mis restos corporales y el Dharma permanecerán en este mundo. Después de meditar en las doctrinas, los budas y* bodhisattvas *los codificarán y guardarán en cofres del tesoro, los ocultarán en estupas, bajo tierra o entre rocas, y les pedirán a los dioses, nagas y semidioses que los protejan. Los tesoros del Dharma son tan indestructibles como los preceptos puros. En el futuro, en el momento destinado, grandes maestros de diferentes linajes, guiados por budas y* bodhisattvas, *desvelarán los tesoros, los descifrarán y beneficiarán a todos los seres sintientes.*

El *Sutra de práctica del Dharma auténtico* dice: «Ananda, quienes codifican las enseñanzas del Dharma y las guardan para que el Dharma fresco e inalterado permanezca en este mundo y hacen ofrendas supremas, obtendrán cuatro beneficios. ¿Cuáles son? Son: lograr los ojos de buda y…». Obviamente, Buda ha descrito con claridad el origen de los *terma*; nuestro mal entendimiento deriva de no leer suficientes escrituras.

Sin embargo, los beneficios del *terma* en estos tiempos degenerados son inimaginables. Uno de los grandes reveladores, Terton Pema Lingpa, decía:

> *Los* terma *(los tesoros profundos, completos, perfectos e inmensos) guiarán a muchos seres en tiempos degenerados. Quien ahora tenga fe en los* terma, *antes debe haber conocido al Gran maestro de Oddiyana, el gurú Rimpoché, y haber rezado plegarias frente a él. Regocíjate por tu buena fortuna, esfuérzate por practicar las enseñanzas de los* terma, *sin olvidar la impermanencia y despertando tu naturaleza de buda. ¡Puedes estar seguro de que lograrás la liberación en esta vida!*

En cuanto a los méritos, principios, debates y dudas sobre el *terma*, hay información detallada en *La historia completa del terma*, de Pema Lingpa. Quienes estén interesados quizás deseen leerlo.

14 de mayo

Consejo de oro

Khenpo Gendun ha hecho un viaje especial de varios cientos de kilómetros hasta Chengdu, a pesar de su edad avanzada, para solicitar una audiencia con H. H. Jigme Phuntsok Rimpoché. Al enterarme, enseguida fui a visitarlo a su hotel, donde se hospeda en una habitación humilde, con dos camas de madera viejas y una mesa desvencijada que parece estar a punto de romperse. Aun así, sonríe como si se encontrara en el reino de los cielos. A pesar de tener más de setenta años y dificultades para caminar, todavía está sano y robusto, y sus mejillas sonrosadas emanan energía.

Mientras él estuvo en Larung Gar, recibí sus enseñanzas en trece temas mayores, como *Uttaratantra Shastra* y *El ornamento del camino del medio*. Le debo mucho por su amabilidad y tutela, y nunca olvidaré su figura diminuta sujetando los textos estrechos y extensos de los sutras.

Cuando era joven, su sed de Dharma lo llevó a muchos sitios para recibir las enseñanzas de grandes maestros y se ha convertido en experto en las escrituras y comentarios de sutra y tantra. Sin embargo, nunca creyó haber aprendido suficiente y siempre ha continuado estudiando. En Larung, no vivía lejos de mi cabaña; si por casualidad yo me despertaba a las dos o tres de la madrugada, siempre veía una luz tenue en su casa. En ocasiones, me acercaba a echar un vistazo y lo veía concentrado en sus lecturas o estudios. Un año, cuando nuestro amado gurú Jigme Phuntsok Rimpoché regresó de Xinlong, todo el valle Larung se llenó de personas entusiastas y de actividades bulliciosas, pero el alboroto no distrajo a Khenpo de su océano de escrituras, lo que lo hizo a mis ojos aún más extraordinario. Su comportamiento me ha dejado una impresión muy fuerte y lo he tomado como modelo a seguir para no ceder ante la pereza.

Hoy hemos mantenido una conversación franca durante un buen rato y me miraba con unos ojos tan tiernos y amorosos que sentí que su calidez me llenaba por dentro. Dice que finge estar enfermo para cerrar los ojos a todo lo que pasa fuera. Lleva una vida pacífica en su hogar, dedicado por completo a la recitación de mantras. Su asistente me ha dicho que desde que terminó de enseñar la tradición nyingma en el Colegio Budista de Pekín, donde estuvo desde el año pasado hasta hace unos pocos días, su maestro ha permanecido en un retiro de silencio absoluto y en su puerta puso un letrero que decía: «Estoy gravemente enfermo. No recibo visitas». Ambos volverán mañana a la vida ermitaña en las montañas y comenzarán el retiro de silencio al día siguiente. No sé qué es lo que está practicando, pero me arriesgaría a decir que se trata de la Gran Perfección Suprema.

¡Qué extraordinaria y deseable es su situación actual! En cuanto a mí, aún no puedo evitar someterme a mis circunstancias externas. En lo profundo de mi corazón, anhelo lugares de soledad, aun viviendo en la ciudad; anhelo el silencio absoluto, aunque deba hablar tonterías. Anhelo la conciencia inquebrantable, aunque mi mente siempre divague. ¿Alguna vez se harán realidad mis deseos?

Este es el camino a seguir: estudiar mucho cuando tenemos energía y practicar a conciencia una vez que el Dharma haya penetrado en el corazón, igual que Khenpo. Si no dejamos de seguir los pensamientos discursivos de la virtud superficial, ¿cuándo descansaremos en la naturaleza de la mente?

16 de mayo

Flecha de amor

Un proverbio tibetano dice: «Una flecha clavada en la tierra es difícil de retirar, mientras que una flecha de amor enterrada en el corazón no es nada fácil de quitar». El amor y el deseo son flechas afiladas que provocan sufrimiento. En *Dhammapada*, Buda afirma: «La flecha que has lanzado puede volver a lastimarte. Lo mismo sucede con una flecha dentro del corazón; la flecha de amor provoca sufrimiento en los seres».

No es de sorprender que Cupido, el dios del amor occidental, sea representado como un ángel con un arco y una flecha, con los que lastima a sus víctimas. Aunque sea glorificado en muchos escritos, y en conmovedores poemas y canciones, el amor es como una flecha: su naturaleza es lastimar. El *Dhammapada* dice:

Del afecto florece la pena; del afecto florece el temor.
Para quien es libre del afecto, no existe el dolor;
entonces, ¿dónde está el miedo?

El amor y el deseo son causas de dolor y sufrimiento. Sin el peso de emociones fuertes como el amor, no hubiéramos renacido en el samsara una y otra vez. Separarse de los seres queridos es una pena insoportable, pero los amantes que no se separan ni un solo día no son inmunes a la enorme angustia de su apego mutuo. Al igual que un hermoso atardecer, la belleza se desvanece en poco tiempo; como un arroyo, la música desaparece en un chasquido; como la bruma matutina, el amor mundano se evapora en un parpadeo. Enamorarse con intensidad sin saber cómo separarse no hace sino añadir capas de angustia.

¿Cómo podemos ser libres de todo ello? La respuesta se encuentra en una historia relatada por Buda: Un rey recibió un elefante, que había sido domado por un especialista en elefantes. Un día, el entrenador organizó una excursión a la selva con el rey montado en el elefante. De pronto, al sentir el olor de una elefanta, el elefante enloqueció y se puso a correr desenfrenado, aterrorizando al rey. Más tarde, este reprendió al entrenador con dureza, a lo que este le respondió: «Cuando el deseo llama, ningún lazo ni cadena de hierro funciona. Como entrenador, solo puedo domar el cuerpo del elefante, no su mente. ¡Solo Buda es capaz de domar el cuerpo y la mente de estos seres!».

De hecho, la única forma de evitar ahogarnos en el torrente del amor o de enredarnos en relaciones seculares es confiar en Buda. Caer en el río aterrador del amor y el deseo es ir a la deriva en el samsara. El *Sutra Surangama* dice: «Hasta que el río del amor y el deseo no se seque, no hay liberación». El único recurso es practicar las enseñanzas de Buda para escapar del río del deseo, esquivar la flecha del amor y superar la pena y el temor.

El prominente académico Su Shi escribió poéticamente: «Para aplacar las olas intensas del océano de sufrimiento, primero hay que dejar que el río de amor y deseo que lo alimenta se seque». Para ser rescatados del océano samsárico de sufrimiento, los seres sintientes primero deben cortar el nudo gordiano del amor que todo lo consume.

En el camino de la vida, ¿cuántas personas no han sufrido por la dolorosa flecha del amor?

17 de mayo

Presentación de danza

En esta etapa de la vida humana, todos somos bailarines. Algunas presentaciones son espectaculares y llaman la atención de todos, mientras que otras son sosas, aburridas y tontas. Ante la pregunta de cuál es el baile más elegante y grácil, habrá respuestas diferentes según las personas sean mundanas o espirituales.

Durante el día, la gente corre y deambula por ahí, matando el tiempo en contar chismes frívolos sin parar; y por las noches, se van a dormir con los ojos ya soñolientos. ¿Qué parte del día se dedica a la práctica espiritual, si es que la hay? Si despertamos una hora antes y nos dormimos una hora después, ganaríamos sesenta horas tan solo en un mes. Un bailarín que desee perfeccionar ciertos movimientos con elegancia, debería dedicarse a practicar de manera esforzada y persistente; sin embargo, ¿por qué un practicante espiritual justifica el no valorar el tiempo para cultivarse a sí mismo? De hecho, nada complace más a budas y *bodhisattvas* que tu práctica del Dharma: escuchar y contemplar el Dharma, meditando con diligencia para cortar los apegos a esta vida.

En la ópera tradicional china, personajes masculinos, femeninos y bufones representan a personas divergentes del mundo cotidiano. Los actores deben reflexionar sobre los papeles que representan; quienes asumen papeles superficiales y virtuosos, pero no cultivan cualidades internas, no difieren de los bufones, son el hazmerreír del mundo. Pero podría ser peor. Un bufón, al menos, inspira risas en la audiencia. En cambio, el bufón entre los practicantes no beneficia a nadie y se arruina a sí mismo y a los demás.

¿Cómo debemos representar nuestros papeles? ¿Actuamos para la audiencia con bailes y movimientos llamativos o somos genuinos y firmes en la práctica y la realización? ¿No deberíamos reflexionar sobre estos temas en profundidad?

19 de mayo

Siempre alegre

El sufrimiento puede transformarse de manera natural cuando la práctica alcanza cierto nivel. El secreto para permanecer alegre frente a los obstáculos e infortunios es relajar la mente. Tsangpa Gyare dice: «Una mente envuelta en apegos nunca puede liberarse de la avaricia, el odio y el dolor. Si aprendes a dejar el apego y a relajar la mente, la felicidad nunca te dejará».

Un gran yogui del Tíbet, Chekhawa Yeshe Dorje, llegó a dominar los sutras y los tantras y poseía una *bodhichitta* genuina. Durante sus setenta y cinco años de vida (1101-1175), fundó el monasterio Chekha, donde tenía a nueve mil discípulos. A sus seguidores, les enseñó: «Mantened siempre un espíritu alegre y cuidad la mente en todo momento. Pensar en uno mismo como si su existencia fuera verdadera es la causa de todos los problemas; en lugar de eso, es mejor retribuir la bondad de todos los seres sintientes. Estas son las lecciones supremas para la práctica». Es decir, que debemos mantenernos en paz en cada minuto y observar la naturaleza de la mente en todas nuestras actividades, estemos sentados, de pie, dormidos o en movimiento. Ante las dificultades, no debemos culpar a la suerte ni a los demás; debemos dejar la autoadmiración y ejercer las Cuatro Cualidades Inconmensurables. Aun cuando tengamos pesadillas, debemos aplicar la visión de vacío antes que intentar eliminarlas; de este modo permaneceremos desapegados en todas las circunstancias.

Geshe Khapa dijo: «Si no sabes qué actividad adoptar o cuál abandonar, nada de lo que hagas te hará feliz. Si eres lo suficientemente sabio como para saberlo, las condiciones adversas a las que te enfrentes se convertirán en fuentes de apoyo». Por lo tanto, el camino a la felicidad es mantener una visión correcta y prestar atención a la conducta.

Geshe Langri Tangpa dijo:

Lleva una vida simple y humilde en un lugar solitario;
renuncia a acumular posesiones sin sentido.
Dedícate a la virtud el día y la noche; renuncia a la búsqueda inútil de relaciones.
Permanece en tu habitación y controla tu propia mente;
renuncia a seguir a las personas sin motivo.
Complace a tu maestro al practicar el Dharma como ofrenda;
renuncia a perseguir la fama y la fortuna vacías.
Protege a los demás ofreciéndoles asistencia; renuncia a recitar mantras de odio inútiles.

La mente inquieta es agotadora, mientras que el contento aporta paz. Cuando la mente de una persona se encuentra imbuida de una actitud positiva, de su interior surge una luz brillante. Adondequiera que vaya, lo seguirán oleadas de felicidad y una sensación de tranquilidad.

20 de mayo

Puntos esenciales

Los Tres Métodos Supremos (la base principal para potenciar la acumulación de méritos) son destacados por todos los grandes maestros, ya sea durante largas clases generales como en sus enseñanzas particulares. Patrul Rimpoché aleccionó en este sentido a sus discípulos en repetidas ocasiones:

> *Siempre que hagas algo positivo, sin importar que sea grande o pequeño, es esencial potenciarlo con los Tres Métodos Supremos. En un principio, hay que generar* bodhichitta, *como medio útil para asegurarse de que la acción se convierta en una fuente de bien para el futuro. A la mitad, mantener la práctica libre de concepto o referencia, lo que previene la destrucción del mérito por alguna circunstancia. Al final, se ha de sellar la acción de forma apropiada dedicando el mérito, lo que asegura que crezca aún más de forma continua.*

El rey omnisciente del Dharma Longchenpa también ha dejado esta enseñanza en *El precioso tesoro del Dharmadhatu*:

> *Al comenzar con la motivación de la* bodhichitta, *ve más allá del Vehículo Básico. Cuando practicas sin apegos, comprendes la naturaleza del vacío. Si concluyes dedicando el mérito, libre de los tres conceptos, transformas todas las actividades en el camino.*

Y en *Encontrar descanso en la naturaleza de la mente* dice:

> *Realiza siempre cualquier acto meritorio despertando primero la* bodhichitta, *recurre a la sabiduría no conceptual al hacerlo y, al final, dedica el mérito de los sueños. Comprende que cualquier acción positiva realizada con los Tres Métodos Supremos se llama «virtud que lleva a la liberación» y causa la iluminación completa. Por otro lado, cualquier acción positiva realizada con los Tres Métodos Supremos se llama «virtud que lleva a la felicidad temporal», y su mérito se extinguirá en cuanto dé frutos la primera vez.*

Por lo tanto, si el objetivo es lograr el budismo perfecto, todas las acciones positivas (recitar mantras, hacer ofrendas, leer libros, liberar seres cautivos, hacer postraciones y otras que parezcan insignificantes) deben estar siempre acompañadas por los Tres Métodos Supremos. Como una gota en el océano, el mérito dedicado a la iluminación nunca se secará hasta que alcance su objetivo. En el *Sutra Prajnaparamita Medio*, Buda dice: «Sariputra dedica el mérito solo a la iluminación total y no a otra cosa, como alcanzar el nivel de *shravaka*, el *pratyeka* buda u otros».

Aunque siempre predico estas lecciones, yo mismo he dejado de ponerlas en práctica muchas veces. ¡Qué vergüenza! *¡Lama chen!*

21 de mayo

La llave

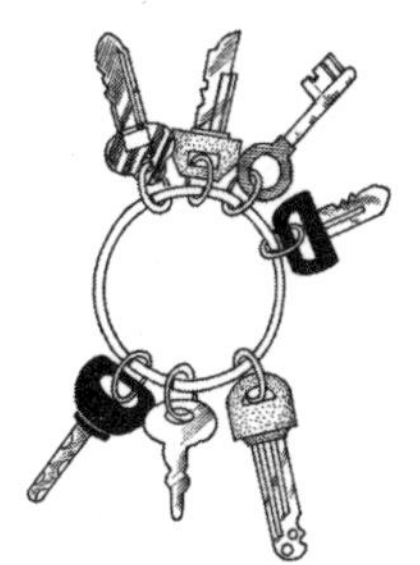

Para abrir la puerta a cualquier cámara del tesoro, necesitamos la llave correcta; es más, para acceder al preciado tesoro de las enseñanzas de Buda, necesitamos la llave de oro de la sabiduría. Aunque ordenaras «¡Ábrete, Sésamo!» a todo pulmón, nunca tendrías acceso a la cámara del tesoro.

Con amor y compasión infinitos, el Conquistador Supremo dota a todo lo que dice con diversos niveles de significado (exterior, interior, secreto, directo o indirecto) para que los seres sintientes con sus diferentes capacidades puedan comprender y cumplir sus aspiraciones de acuerdo a ellos. Solo Buda posee esa clase de habilidad única de expresión verbal, nadie más, así sea un académico erudito, el experto mejor informado, un intelectual famoso o un *arhat* que haya erradicado toda emoción negativa. Por lo tanto, las aparentes contradicciones del budismo (como entender uno como muchos, a muchos como uno, la certeza como incertidumbre o la apariencia como vacío) son enseñanzas de Buda para adecuarse a infinitos seres en un nivel aparente u oculto. Por medio de un análisis detallado, una persona sabia podrá ver que no entran en conflicto unas con otras, sino que están llenas de conocimiento profundo. En *Praises to the Buddha's Speech* ('Alabanzas al discurso de Buda') se lee: «Sí o no, uno o muchos; cierto en un momento, incierto en otro, nada entra en conflicto con lo demás». Entonces, solo con sabiduría podremos comprender las palabras adamantinas de Buda y discriminar el significado definitivo del provisional, las cuatro intenciones y los cuatro secretos.

¿Dónde se encuentra la llave para abrir el tesoro del discurso de Buda? El omnisciente Longchenpa la ha dejado escondida en el octavo capítulo de *Encontrar descanso en la naturaleza de la mente.* Pero hoy en día las personas están demasiado ocupadas para dedicar tiempo a buscar la llave. ¡Qué pena!

23 de mayo

Un pintalabios

Un artículo de revista dice que una mujer trabajadora ha gastado trescientos yuanes de su salario de quinientos en un pintalabios de una marca reconocida. No he podido evitar suspirar al leerlo. Más allá del problema de cómo logrará afrontar el resto de sus gastos del mes, pagar una suma tan exorbitante por esa clase de producto no tiene sentido.

Nunca me ha gustado el maquillaje exagerado. En mi pueblo, tenemos estos dichos: «La elegante flor de loto emerge en el agua y su belleza no necesita ser adornada» y «Sin polvos ni ungüentos, así es el rostro fresco de lady Chang». Gastar trescientos yuanes en un pintalabios no es tan bueno como utilizarlos en salvar peces o aves cautivas, en hacer ofrendas o comprar libros. Debemos recordar que un rostro tallado y hermoso no durará para siempre, sin importar lo que uno haga para ser la persona más bella de todas (un peinado elaborado, cejas delicadas, labios rojos radiantes y dientes blancos brillantes); todo se deteriorará con el paso del tiempo. No es posible evitar que un rostro terso se arrugue ni que un cabello negro como el azabache pase a ser un desordenado pelo canoso. En su *Oda al sonido otoñal,* Ouyang Xiu lamentaba: «Así, su complexión rosada se marchita y su cabello negro se vuelve blanco». Al final, solo queda un montón de huesos y cartílagos.

La persona sabia debería evitar convertirse en alguien «con un interior podrido bajo un exterior perfecto». El mayor ornamento proviene de cultivar las virtudes y la sabiduría; dedicarse al estudio, a la reflexión y a la reflexión en el Dharma es mejor que perder el tiempo y el dinero en embellecer el exterior. ¿Quién no sentiría admiración por un monje o monja cuyos actos son muestras de gracia y decencia? ¿Quién pensaría que un anciano amable y amoroso con arrugas en la piel y pelo fino hace daño a la vista?

El único ornamento que no falla proviene de comprender la naturaleza de la mente. Es muy triste que las personas aún no puedan distinguir lo real de lo falso. Deseo decirles: renunciad a las decoraciones inútiles, ¡buscad solo la belleza verdadera!

4 de mayo

Sueño

Las personas que viven en un paisaje montañoso solitario anhelan las ciudades bulliciosas, con sus multitudes, vehículos y actividad constante. Sin embargo, quienes viven en ciudades, como yo en este momento, extrañan la tranquilidad y la paz de las montañas.

Tras apagar la lámpara del escritorio y cerrar los ojos, me he quedado dormido en poco tiempo y, como suele decirse, lo que sueñas por la noche es lo que has estado pensando durante el día. En mi sueño, vivía en la cueva tranquila de una montaña, con un interior sencillo y ordenado. Fuera de la cueva había árboles altos y flores bellas, águilas que surcaban el cielo impulsadas por una brisa suave, ardillas que correteaban como si jugaran con los riachuelos, rosas amarillas que resplandecían con la luz del sol y, con el rocío de la mañana, se formaban gotas cristalinas que caían de las hojas de los árboles. Allí yo llevaba una vida despreocupada de niño inocente, y el tiempo pasaba rápido y en paz. Un día un pequeño mono se apareció frente a mí, y enseguida saqué mi mejor comida para invitarle a él, mi único visitante. Después de comer, el mono no quería marcharse; quizás había perdido a su madre o un cazador la había capturado; de cualquier manera, no tuve más opción que adoptar a la pobre criatura.

Con mi paciente adiestramiento, el mono aprendió a hacer postraciones, ofrendas de agua, a quemar incienso y demás. Mientras yo leía libros, recitaba sutras o cantaba mantras, él jugueteaba tranquilo sin causarme problemas. Si desobedecía y le llamaba la atención, volvía a portarse bien de inmediato y hacía postraciones. Comíamos arroz del mismo cuenco, nos echábamos en la misma roca plana en los descansos y, dondequiera que yo fuera, siempre íbamos juntos. El mono trajo mucha alegría a mi vida de práctica y nunca perturbó mi paz mental.

Cierto día, debía descender a la base de la montaña en busca de comida y, aunque no era necesario, le ordené al mono que se quedara a vigilar aquel pequeño lugar de retiro. El mono me miró apesadumbrado y se sentó de mala gana en la piedra lisa que había junto a la puerta; cuando miré atrás después de haber recorrido cierta distancia, vi que su pequeña figura seguía allí.

De pronto desperté y todo había desaparecido; la cueva y el mono ya no estaban. Entonces, preocupado por la pobre criatura y anhelando la vida tranquila en la cueva, intenté volverme a dormir, pero fue inútil.

En la *Gran biografía del Buda Shakyaminu. El loto blanco* se relata la historia de una persona que practicaba en un sitio recluido y que tenía un elefante consigo, por lo que el dios Indra se molestó y lo reprendió. Por eso resulta inapropiado que los practicantes espirituales tengan mascotas. Sin embargo, de algún modo, aún extraño mucho al mono de mi sueño. ¡Quizás aún espere paciente mi regreso!

27 de mayo

Reflexiones tristes

Muchos grandes seres, ya sean maestros espirituales reconocidos o intelectuales extraordinarios, han sufrido dificultades y no han tenido reconocimiento en vida, como si sus cualidades no hubieran existido antes de que murieran.

En una ocasión, cuando Ridgzin Jigme Lingpa se encontraba en meditación profunda durante un retiro en las montañas, vio en una visión a Longchenpa y le preguntó: «¡Ah, Gran Maestro omnisciente! Le he rezado con fervor todos estos años, pero ¿por qué no ha aparecido ante mí antes?». A lo que el maestro respondió: «¡Solo ahora todos os referís a mí como el omnisciente! En vida, apenas era capaz de cubrir mis necesidades básicas de comida y ropa, ¡y nadie me llamaba omnisciente!».

Así es como funcionan las cosas en realidad; un maestro auténtico suele mantener un perfil bajo, ser modesto y no llamar la atención. Aunque acepte discípulos, no llegan a comprender sus cualidades por completo. Solo después de la muerte del maestro reconocen su grandeza, pero ya es demasiado tarde, pues ya no pueden encontrar al maestro otra vez, por lo que se sienten llenos de remordimientos y nostalgia.

Nuestro gran gurú Jigme Phuntsok Rimpoché dijo en una ocasión: «Vuestra fe en mí solo crecerá después de mi muerte. Esto les ha sucedido a muchos otros, yo no soy la excepción». Lo mismo sucede en asuntos mundanos. «Existen muchos corceles formidables, pero es difícil dar con un cazatalentos astuto». Las personas dotadas suelen sufrir de pobreza y muchas dificultades antes de ser reconocidas.

Beethoven, el talentoso compositor que combinaba música clásica y romántica, experimentó muchas dificultades, como enfermedades graves y pobreza extrema, entre otras. Cuando en una ocasión perdió un mísero penique, se enfureció tanto que volcó sus emociones en una pieza de piano conocida como *Rabia por el penique perdido*. ¡Qué pobre y desdichado debió de haber sido! Schumann, conmovido de escucharlo, escribió un elegante artículo para conmemorarlo.

Cao Xueqin, quien escribió la legendaria obra maestra *Sueño en el pabellón rojo*, padeció la extrema pobreza de tener que vivir apenas a base de caldo.

El emperador Liu Bei del reino Shu acudió en tres ocasiones a la choza de Zhuge Liang para solicitarle asistencia; su avidez por buscar el talento, como una persona sedienta en busca de agua, no se ve con frecuencia en este mundo, ni ahora ni en el pasado. A muchos héroes no reconocidos solo les ha quedado lamentar que su excelencia permaneciera sin reconocimiento y que sus sueños nunca se cumplieran.

¿De qué le serviría la gloria *post mortem* a una persona difunta si nunca ha tenido reconocimiento en vida? Para los practicantes espirituales, es más importante valorar la excelencia del maestro mientras este tenga vida.

28 de mayo

Dos verdades

«La forma es vacío, el vacío es forma; la forma no es más que vacío, el vacío no es más que forma». A las personas que saben poco o nada del Dharma les gusta citar este verso, y en general lo hacen con petulancia. Sin embargo, al preguntarles qué es el vacío o la forma, lo ignoran por completo o, en el mejor de los casos, piensan que «forma» se relaciona con el color o la figura de una mujer, mientras que el vacío es la ausencia absoluta.

Es de vital importancia comprender lo que de verdad significa que la forma y el vacío no son diferentes. Ver las dos verdades de la manera correcta es fundamental en cualquier nivel del Dharma, ya sea el Shravaka, Pratyekabuda, Solo Mente, Camino Medio o escuela *vajrayana*.

En la *Sabiduría fundamental del Camino Medio* se dice: «La visión correcta es absoluta; la visión mundana es una ilusión». La naturaleza del espacio absoluto es la unión de consciencia y vacío. Muchos fenómenos surgen de la existencia de la nada. Debido a la ignorancia y al ofuscamiento, los seres sintientes engendran visiones erróneas y ciclos del samsara interminables. Si se comprende la indivisibilidad de la luz y el vacío, y se logra aceptar los fenómenos «sin origen», se manifestará una luz interior pura completa.

Tener noción de las verdades absolutas y relativas es un punto fundamental del budismo tibetano y, como tal, es el principal tema de análisis exhaustivo en debates y razonamientos lógicos. Los maestros iluminados de la tradición nyingmapa han dejado muchas enseñanzas incomparables sobre la comprensión de las dos verdades.

En *Encontrar descanso en la naturaleza de la mente*, Longchenpa, el rey del Dharma, dice:

> *Las dos verdades no existen por separado, al igual que los dos cuernos de un toro. Cuando la luna se refleja en el agua, su existencia es relativa; el que la imagen no tenga existencia inherente es absoluta. La existencia y el vacío son no duales, sino la unión de dos verdades.*

Además del Camino Medio, la Gran Perfección suprema profundiza más en las dos verdades: pureza primordial y presencia espontánea. En el *Tesoro del vehículo supremo* se dice:

> *En el nivel relativo de existencia, se llama «thogal» a la basada en la presencia espontánea; en el nivel absoluto de vacío, se llama «trecho» a la «pureza primordial». Las llamadas «dos verdades» no son independientes, sino que tienen la misma naturaleza, pero en relación a aspectos diferentes, como una persona que es brahmán y al mismo tiempo portadora de preceptos.*

Rongzom Pandita también dijo: «Quien ha percibido la no dualidad de las dos verdades y no ve diferencia entre las cosas y su estado natural, se llama «practicante de la Gran Perfección», un maestro de visión y acción». Estas enseñanzas fundamentales de los maestros de la Gran Perfección, Longchenpa y Rongzom Pandita, son muy valiosas para quienes tienen fe y sabiduría profundas.

La sabiduría es la causa directa de los logros, mientras que las actividades virtuosas aportan las condiciones de apoyo. En el camino del Dharma, desarrollamos sabiduría *prajna* de una verdad absoluta y acumulamos méritos con diligencia de una verdad relativa a través de numerosas actividades positivas. La sabiduría y el mérito se potencian entre sí, ninguna de las dos es prescindible, y ese es el camino hacia la iluminación perfecta.

29 de mayo

Decir adiós

Las hermosas flores que se han exhibido sin recato durante toda la primavera y el verano ahora están marchitándose. Sus pétalos se encuentran esparcidos como copos de nieve, reducidos a lodo bajo las ruedas o triturados por las pisadas hasta convertirse en polvo. Así de efímera es la belleza de este mundo; desaparece en un parpadeo. Al igual que las flores de primavera marchitas y el follaje que cae en otoño demuestran la impermanencia del universo, el deterioro de un rostro bonito y el blanqueamiento de un cabello negro revelan la impermanencia de la vida humana.

Si no aceptamos la lección sobre la impermanencia que nos brinda la naturaleza, desperdiciaremos nuestra valiosa vida humana, que es tan breve como una gota de rocío o un rayo. Inmersos en la ilusión, acumulamos riquezas, posesiones, amigos y parientes y no nos preparamos para la muerte. De este modo, al enfrentarnos al momento final, es probable que nos pongamos en ridículo de toda clase de formas. Pensemos en Yan Jiansheng de la obra *Los mandarines*, quien murió con el arrepentimiento eterno de haber encendido demasiadas lámparas de aceite.

Buda nos enseña ochenta y cuatro mil formas de aprovechar al máximo nuestra vida y de morir preparados. Dado que todos los caminos conducen a Roma, solo tenemos que elegir una de estas formas y practicarla con consistencia y diligencia.

La vida y la muerte, el samsara y el nirvana, son iguales de por sí. No existe el surgimiento ni la desaparición de Buda, ni hay diferencia entre la naturaleza de la mente y Buda. Al comprender esto, seguimos el estado natural que es Buda y logramos la liberación última al erradicar la ilusión y cruzar los torrentes de existencia cíclica.

Es posible que este estado meditativo sea demasiado idealista para las personas corrientes. Para ellas, Mipham Rimpoché ha dejado una lección profunda: «Para quienes aún no han alcanzado un nivel elevado de meditación, simplemente con pensar en buda Shakyamuni una vez, los hará renacer en la Tierra Pura de la Gran Dicha». Por lo tanto, rezarle al buda Shakyamuni o al buda Amitabha con fe inquebrantable a la hora de la muerte puede garantizar el renacimiento en la Tierra Pura. Por el contrario, apegarse a las posesiones o seres queridos impedirá que se alcance el éxito durante la etapa final, a pesar de llevar muchos años recitando mantras.

30 de mayo

Océano humano

Este es un océano gigante, poblado por personas de diversas etnias que hablan diferentes lenguas. Las mareas de este océano humano suben y bajan sin cesar, con lo que generan un oleaje continuo y rugiente que azota la costa. Quienes saben surfear montan sobre las olas y se divierten; quienes son menos habilidosos son abatidos por las mareas y se hunden en el fondo del mar. Así son nuestros asuntos diarios, un flujo interminable de mareas altas y bajas; de esta manera, las personas, conducidas por el karma, están siempre ocupadas y van corriendo de aquí para allá. ¡Al pensar en lo miserables que somos los humanos, no puedo evitar suspirar!

Un maestro de los seis yogas de Naropa impartió la siguiente enseñanza:

> *Las ocho preocupaciones mundanas agobian la mente humana; la búsqueda de la felicidad en especial se ha convertido en un denominador común entre los seres vivos. No hay nadie en el mundo que no persiga sus objetos de deseo, que no corra ocupado día y noche. Sin embargo, la verdad es que detrás de todas las fuentes de la felicidad residen sufrimientos inevitables. Por lo tanto, no hay necesidad de sentirse alegre cuando llegue la felicidad ni decaído cuando haya sufrimiento. Dedicamos demasiada energía o recurrimos a medios inescrupulosos para satisfacer nuestros deseos en esta vida, con lo que no hacemos más que arruinar nuestras vidas futuras. Frente al anhelo de*

placer y gozo abundantes, somos capaces de hacer cualquier cosa en esta vida, dhármico o no dhármico, ¡solo porque somos personas cortas de miras, atrapadas en las ocho preocupaciones mundanas! ¡Todos deben reflexionar profundamente sobre esto! También las generaciones futuras deben atender a esta advertencia. Cuidado, ¡no cometáis los mismos errores!

Al igual que las olas, lo que perseguimos sin cansancio y con todo el corazón se desvanece enseguida. Si no renunciamos por completo a la mente avara, los asuntos triviales de esta vida se sucederán sin parar, al igual que una ola que aparece en cuanto se esfuma la anterior. Pandita dice: «A menos que dejes ir las preocupaciones, surgirán toda clase de eventos que te mantendrán siempre ocupado y distraído. Si te encuentras continuamente envuelto en una trivialidad tras otra, ¿cuándo podrás ver que estás desperdiciando tu vida?».

Sin importar cuánto luchemos contra las turbulencias aterradoras del océano humano, es evidente que nunca saldremos intactos, sin heridas o golpes. Entonces, el hombre sabio debería elegir liberarse de las ataduras de las preocupaciones mundanas. En *El tesoro del vacío* se manifiesta: «Renuncia al hogar y a las posesiones, deja de perseguir el dinero y los objetivos insignificantes. Parte hacia el retiro en las montañas para vivir como un animal salvaje». No te conviertas en una ola descomunal en el vasto océano humano; escapar rápido de él es la única sabia decisión.

31 de mayo

Primero de junio

Hoy es el Día del Niño en China, por lo que los niños están jugando y celebrándolo, y ver sus rostros inocentes me recuerda mi experiencia en este día especial. Hasta comenzar el instituto a los quince años, nunca antes había recibido educación formal ni había escuchado del Día del Niño. Era un día de brillo y sol inusuales, y aunque en realidad yo ya no era un niño, hice afinidad con un grupo de pequeños con el que cantamos y esperamos a que los granjeros cercanos nos dieran el yogur que se nos había antojado. Yo era mayor y era tan alto como el maestro, pero fingía actuar como un niño. Aún me divierte recordar lo que viví aquel día. Luego, comencé el instituto Zong Ta, y eso representó el final de mi infancia.

Ahora que he pasado de los cuarenta años, esa infancia libre de preocupaciones, sufrimiento y cargas se ha convertido en un recuerdo remoto, como un sueño. Sin embargo, me siento afortunado de haberme convertido con los años en budista y de haber conocido a maestros formidables, quienes seguirán empapándome con el néctar del Dharma en los años que me quedan.

A veces me pregunto: ¿Cómo se encontrarán mis amigos de la infancia? ¿Serán tan afortunados como he sido yo? ¿Cuántos de los niños que he visto hoy podrán disfrutar las bondades del Dharma? La respuesta podría ser satisfactoria solo en parte. Muchos niños, por falta de guía, probablemente seguirán el mismo camino que sus padres, quienes viven afligidos por el karma, la ilusión y las emociones negativas, por lo que desperdician sus valiosas existencias humanas.

Recuerdo con mucho afecto el Día del Niño que pasé en una región budista en la que los niños eran nutridos por el Dharma, tanto en casa como en la escuela. Aquel día en particular, representaron historias de la vida y enseñanzas de Buda en un pequeño escenario de la escuela. Aunque sus representaciones fueron simples e inocentes, plantaron semillas de virtud en sus mentes y con ello evitarán que se desvíen por un camino moralmente malsano en la vida. ¡Qué maravilloso sería que esta tradición del Día del Niño se extendiera por todo el mundo!

1 de junio

Llama parpadeante

Una llama parpadeante expuesta al viento podría apagarse en cualquier momento, y lo mismo sucede con la fe intermitente de algunos practicantes de las Tres Joyas al enfrentarse a situaciones adversas. Al carecer de una base sólida, es probable que pierdan la fe, adquieran visiones erróneas e incurran en no-virtudes. Por ello, es crucial comenzar la práctica del Dharma confiando en maestros auténticos, escuchando y reflexionando, forjando una fe que los ocho vientos de las preocupaciones mundanas no puedan quebrantar. Con esta base, si se realizan prácticas que erradiquen las fabricaciones mentales con sabiduría y se permanece en el estado de «talidad», llegaremos a un estadio singular y admirable.

Khenpo Depa es mi amable maestro, el que me inició en el camino del Dharma. La práctica preliminar que recibí de él ha sido la luz que me ha guiado en el gran océano del Dharma. La Gran Perfección que me transmitió es una joya preciada que procede de un linaje ininterrumpido desde Longchenpa, Mipham Rimpoché y muchos grandes maestros del pasado. Solo ver su figura delgada y frágil siempre alienta mi fe, que no deja de crecer. Desde su juventud, ha confiado en muchos maestros y ha trabajado con esfuerzo en su estudio, reflexión y meditación del Dharma. No solo domina los cinco preceptos mayores y los tantras profundos, también es conocedor de la ciencia de usar música en la comunicación y en las manualidades.

De los veintiocho a los cuarenta años estuvo deportado y se le destinó a tareas de pastoreo y carpintería. En ese mismo período político caótico también fue encarcelado un tiempo. Sin embargo, a pesar de todas las pruebas, nunca interrumpió su práctica del Dharma. Así, mientras pastoreaba, escondía los textos en su cintura y estudiaba siempre que tenía un momento de soledad; y en los momentos en que realizaba carpintería, trabajaba duro durante el día y por la noche leía hasta la madrugada con una luz tenue y con las ventanas y puertas cerradas.

Cuando lo conocí, yo tenía doce años y él, vestido con su ropa gris, me dijo que, en las condiciones del momento, un budista nunca debía dejar de confiar en las Tres Joyas. Para cuidar de nuestra conciencia y de la llama de nuestra fe en medio de la tormenta, debíamos rezarles de todo corazón a nuestro maestro y a las Tres Joyas. Mientras decía esas palabras, un rayo de sol se coló por la ventana e iluminó sus mejillas rosadas y tersas; al verlo, me invadió una sensación cálida desde el fondo de mi corazón. Al mirar atrás, aún veo escenas de aquel día, tan vívidas como en un primer momento.

En 1983, cuando estalló el caos político, Khenpo Depa comenzó a enseñar en su taller de carpintería en la ciudad de Alta Loukouma, donde he completado los cinco preliminares de la Gran Perfección. Por último, ante él y Lama Ruga, me vestí con la túnica de monje para comenzar el camino sin retorno hacia la liberación.

Como practicante, ¿seré capaz de emular a Khenpo Depa, de enarbolar y proteger la antorcha del Dharma para que no muera ante cualquier circunstancia adversa?

3 de junio

Rey omnisciente

El soberano omnisciente del Dharma, Longchenpa, es una manifestación del Buda Primordial Samantabhadra. Tener la conexión necesaria para leer o escuchar sus enseñanzas es el resultado de incontables eones de mérito y es una suerte de la que podemos regocijarnos inmensamente.

Jamyang Lodro Gyatso decía: «En la India y en el Tíbet, han vivido muchos eruditos reconocidos y seres elevados, pero ninguna de sus obras o comentarios podrían superar a los del omnisciente Longchen Rabham». Longchenpa decía: «Las enseñanzas que he impartido son excepcionales y difíciles de encontrar. En ellas, es fácil encontrar indicaciones hacia la realización profunda».

Patrul Rimpoché aconseja ardientemente:

> *Cuantos más comentarios de otros pensamientos conceptuales leáis, más conceptos generaréis. Por otro lado, escuchando apenas una oración de los comentarios que nacen de uno mismo, y que van más allá de las invenciones mentales, os brindará sin esfuerzo concentración meditativa. Es en vano estudiar enseñanzas ligadas a conceptos. Las enseñanzas de Longchenpa son como la joya que cumple deseos y concede alegría y paz duraderas a las personas. El mérito de escucharlas, reflexionar o meditar sobre ellas es igualmente grandioso. ¡Qué maravilla! ¡Qué increíble! Siento gratitud sincera hacia los maestros de los tres linajes de transmisión. Al ver, establecemos conexiones; al*

practicar, creamos mérito. La naturaleza de Buda se encuentra en el interior de todo ser sintiente. ¡Cuánta verdad hay en ello!

Hoy en día, muchas personas dedican el tiempo a libros escritos a partir de pensamientos discursivos que no hacen más que exacerbar los males de los tres venenos. ¿Por qué no pasar más tiempo conociendo el tesoro de Longchenpa, que manifiesta su sabiduría suprema y absoluta?

4 de junio
Escrito durante la lectura de A Treasure Trove of Scriptural Transmission *('Tesoro oculto de las transmisiones de los escritos')*

Competitividad

Los humanos adoramos competir y nunca nos cansamos de hacerlo para ver quién es mejor, ya sea en cuestiones internacionales, económicas, políticas, deportivas (la Copa del Mundo, los Juegos Olímpicos, entre otros) o en logros personales y de honor. No importa si la competitividad trata de transformaciones radicales o del asunto más trivial posible, las personas suelen lanzarse a ella y, aunque no involucren armas o artillería, el olor a pólvora la rodea. Son guerras disfrazadas de competitividad.

Motivadas por el karma, muchas personas se sienten atraídas hacia actividades competitivas en las que gastan sus energías. Además, suelen establecer objetivos poco realistas, por lo que es inevitable que caigan en pozos de sufrimiento profundo. Al ver que la gente que les rodea asciende, se hacen más ricos, viajan al extranjero o incluso se compran ropa, sienten una indefinible sensación de pérdida. Entonces, para saciar su sed de superioridad, intentarán por todos los medios sacar lo que puedan de sus oponentes y así elevarán la tasa de crímenes económicos y el malestar social. En consecuencia, causan más mal que bien.

Una persona que ha regresado de su peregrinación Lhasa me ha contado de un practicante llamado Lei Gong, quien ha recitado el mantra Gurú Vajra cien millones de veces. Lei Gong les dijo a sus compañeros peregrinos que su cueva se encontraba en Yamalong, cerca de Samye, que estaba rodeada de montañas y arroyos cristalinos, y se disfrutaba de un clima cálido en invierno y fresco en verano.

Un espumoso manantial de montaña le proporcionaba agua dulce, y el *tsampa* cotidiano sabía a ambrosía. Allí su vida era tranquila y libre, sin apegos ni preocupaciones.

En contraste con la vida de este practicante, las personas mundanas viven deprisa y comprometen su integridad por ganancias materiales exiguas. Su trabajo duro durante el día entero no genera más que emociones negativas. ¡Qué miserables son en realidad!

A quienes son practicantes solo en nombre también les gusta ver juegos competitivos o participar en ellos. Soportan la ansiedad de los enfrentamientos por su voluntad, pero no pueden apreciar la felicidad de practicar en soledad. Corren sin parar para encargarse de actividades virtuosas, preocupados por la tentación del dinero y el poder.

Como practicante del Dharma, ¿podré ser como Lei Gong, renunciar a la fama mundana y a las riquezas y vivir solo en la dicha del Dharma? ¿Seré siempre capaz de mantener la calma y la estabilidad en este mundo en cambio constante?

5 de junio

El yogur

Con la cercanía del verano llega el yogur, la mayor exquisitez del mundo rural del Tíbet. Mi pueblo natal tiene un dicho: «Un verano sin yogur es como un campo sin vivos colores». De hecho, una casa «sin yak, sin yogur» sería lamentable.

Como cualquiera que haya crecido cerca del campo, siento debilidad por el yogur. Dado que me encuentro en una zona de la China han lejos de mi pueblo, creí que extrañaría el yogur este verano, por lo hoy he tenido una grata sorpresa cuando un amigo laico me trajo uno de producción local, que es casi tan delicioso como el de las tierras altas. Además, tenía frutas, lo que le aportaba un sabor único. Mientras lo disfrutaba, mi mente ha viajado al día en que lo compartí con mi estimado gurú, el 28 de junio de 2000. En ese tiempo, Jigme Phuntsok Rimpoché se encontraba en un retiro en Nan Shan ('montañas del sur') enseñando a lamas tibetanos acerca de la Gran Perfección, y yo llevé a un grupo de monjes, monjas y laicos de Estados Unidos, Singapur y China continental a visitarlo. El vehículo recorrió los senderos de las escarpadas montañas hasta llegar a la cima de Nan Shan, desde donde pudimos ver la pequeña cabaña del gurú, rodeada por una variedad imponente de flores de colores. Era un escenario perfecto desde cualquier ángulo con el cielo azul de fondo, y nadie pudo evitar exclamar: «¡Dios mío, qué belleza!».

En aquel paisaje pintoresco, todos honramos a nuestro maestro, quien ese día estaba de buen ánimo. Nos ofreció yogur a todos los presentes, y nos lo sirvió dentro de nuestras manos, y él también hizo lo mismo. Luego dijo: «El yogur fue el mejor alimento para sustentarme durante mis estudios cuando era joven, y hoy os lo ofrezco a vosotros. Aunque aquí no tenemos cuencos para servirlo, podemos disfrutarlo en nuestras manos. La austeridad no es un problema para nosotros los practicantes». Al terminar, dio el primer paso y comió el yogur de sus manos con deleite. Cuando comencé a hacer lo mismo, la felicidad brotó de mi corazón como si fuera una fuente.

Aún recuerdo cada instante de aquella jornada como si fuera ayer. Anhelo el día en el que vuelva a reunirme con nuestro gurú, sentarme en el campo y disfrutar de ese delicioso yogur.

6 de junio

Aspectos del Dharma

Estos días, pocas personas comprenden bien el Dharma y lo ponen en práctica. Al mismo tiempo, algunos que se dicen «practicantes del Dharma» no han hecho un estudio sistemático ni tienen conocimientos básicos del budismo. ¿Es una broma?

En el sastra Abhidharmakosha, el maestro Vasubandhu, venerado como el segundo Buda, decía: «El budismo tiene dos aspectos: el Dharma de transmisión y el Dharma de realización. El Dharma de transmisión depende del lenguaje; el de realización requiere práctica». Es decir, que el Dharma de transmisión se alcanza con la enseñanza y la escucha, mientras que el de realización se alcanza con la práctica. Estos dos aspectos abarcan todas las dimensiones del *budadharma*.

Para que el Dharma perdure, debemos valernos de los sutras y *shatras*. En el *Sutra solicitado por Deva Reyi* se dice: «El Dharma incluye sutras y *shatras* que son las maravillosas enseñanzas del Buda y comentarios sobre los significados implícitos, respectivamente. El Dharma perdurará en este mundo a través de ellos». Las enseñanzas de los preciados Tripitakas revelan a nuestro buda innato y nos ayudan a reconocerlo. La verdadera naturaleza de muchos seres sintientes queda escondida a causa de la ignorancia, pues al ser incapaces de ver que los fenómenos percibidos por los seis sentidos no existen en realidad, cometen actos negativos porque se engañan y sufren las consecuencias.

Carecer de un guía del Dharma es como emprender un viaje sin el sol, la luna ni una fuente de luz que nos muestre el camino: acabamos en un ciclo interminable de sufrimiento en el samsara. O, como una persona ciega sin acompañante, solo podemos deambular por el desierto estéril de los tres mundos sin esperanzas de salir por mucho que lo intentemos.

Una vez que comprendemos la raíz del samsara, debemos estudiar y practicar el Dharma de forma auténtica. Al integrar en nuestro ser las tres prácticas más elevadas (disciplina, meditación y sabiduría), erradicamos la oscuridad y confusión de modo que nuestro mérito y sabiduría crecen de forma extraordinaria.

Aunque la naturaleza de Buda sea innata, está escondida para nosotros, al igual que el oro puro, la llama en una cerilla apagada o el brote en el grano de arroz. Sin fundir, encender o plantar, la realización es imposible. Si no llevamos a la práctica lo que sabemos, somos como quien describe una comida deliciosa sin probarla o quien cuenta el dinero ajeno sin poseerlo. No existe un beneficio real. Después de haber navegado durante eones en el Océano del Samsara, si renunciamos como si nada al barco de la liberación que se presenta una vez en la vida, tal vez nunca seamos libres.

Ni el Dharma de transmisión ni el de realización son prescindibles. A través del primero formamos la mirada correcta con la que comenzamos la práctica para alcanzar el segundo. Este es el camino auténtico para entrenarse en el *budadharma*.

7 de junio

Tazón de madera

Khenpo Ngorpa me ha obsequiado un tazón de madera comprado en una tienda especializada del Jardín Botánico Xiamen. Es un tazón con un barniz transparente sobre la madera natural de aspecto sencillo. Me gusta utilizarlo para mis comidas diarias y cualquier cosa que coloque dentro de él se convierte, para mí, en algo similar al néctar. El afecto hacia este tazón me recuerda una historia sobre Patrul Rimpoché.

Cuando Jamyang Khyentse Rimpoché se encontraba en Derga, Patrul Rimpoché deambulaba de un lugar a otro con aspecto de mendigo, llevando consigo un tazón de madera a las montañas y valles de la zona de Kham y otros sitios remotos. Ese tazón, su compañía en los vaivenes de su vida como vagabundo, se convirtió en su preferido.

Cuando Patrul Rimpoché visitó a Khyentse Rimpoché, vio que el maestro vivía con un amplio séquito en una casa palaciega ornamentada con oro, plata y joyas. Al ver el lugar, pensó: «Parece que el maestro disfruta de los bienes materiales; debe de estar muy apegado a esta casa llena de lujos». Khyentse Rimpoché, quien a todas luces percibió lo que pasaba por la mente de su visitante, lo reprendió: «¡Patrul! ¡No imagines cosas! ¡Mi apego a todos los tesoros dentro y fuera de esta casa no es más que el tuyo hacia ese tazón de madera!». Eso penetró en el corazón de Patrul Rimpoché, quien comprendió que vivir con austeridad no lo hacía especial. Lo importante es renunciar en el interior a cualquier avaricia.

Como practicantes corrientes, para nosotros es aún más importante renunciar a los deseos de riqueza y gloria en este mundo. Muchas personas codician dinero y poder en lugar de plantar semillas de virtud o de conectar con el Dharma, por lo que padecen una gran ansiedad y preocupaciones. Lástima que rara vez reconozcamos que no somos más que cuidadores temporales de nuestras posesiones, por décadas en el mejor de los casos. ¿Por qué aferrarnos a ellas? Saraha dice: «Cualquier apego, aunque sea tan mínimo como desear una semilla de sésamo, causa una existencia cíclica».

Por lo tanto, al sentirnos molestos, debemos soltar cualquier apego como si quisiéramos liberarnos de una prisión o de grilletes. De lo contrario, sin importar lo diligentes que seamos, será en vano y nuestra mente y cuerpo quedarán exhaustos.

8 de junio

¿Entendido?

Los escritos de Khenpo Depa, que abarcan todas las etapas del camino espiritual, se han recopilado en cuatro tomos. Hoy quisiera obsequiarles a mis amigos del Dharma mi traducción de sus consejos en la forma de trece preguntas, que comienzan de este modo:

> Comparto mis pensamientos con quienes, a través del karma colectivo, ahora perciben apariencias confusas y similares. Quien tenga fe, podrá acceder a esta enseñanza.

1. Solo contamos con nuestro preciado cuerpo para atravesar el vasto océano del samsara en esta corta vida. Al envejecer, nuestro rostro estará cubierto de arrugas. ¿Lo sabías?
2. El mundo (ciudades y monasterios) y los seres que lo habitan (altos oficiales y sus séquitos, gurúes y discípulos) son enseñanzas sobre impermanencia y no duran demasiado. ¿Lo sabías?
3. Alguien que siga preceptos puros y haya enseñado el Dharma, más tarde podría convertirse en un seglar con hijos. Porque sin la coraza de la renuncia genuina, uno traiciona a su yo escondido. ¿Lo sabías?
4. Una persona puede predicar la doctrina *mahayana* de forma impresionante, mientras el demonio del egoísmo acecha su mente. Proclamar en voz alta una *bodhichitta* vacía es como el aullido frenético de un perro viejo. ¿Lo sabías?

5. Sin cultivar una visión pura e imparcial, podrías considerar a un desconocido como un gurú o cualquiera podría darte lecciones tántricas de forma indiscriminada. Esta es la causa de los Renacimientos Infernales. ¿Lo sabías?
6. Al quejarte de la turbulencia de los tiempos, no haces sino seguir su curso y con ello incurres en conductas despreciables. La ley inviolable del karma supera las leyes mundanas más rigurosas. ¿Lo sabías?
7. Al decir que todo es vacío, subestimas la causalidad. Aunque el nirvana y el samsara estén vacíos, sus apariencias se manifestarán indefectiblemente con interdependencia y realizarán sus respectivas funciones. ¿Lo sabías?
8. Al no tener consciencia de la interdependencia de la pureza y la igualdad, transgredes preceptos en nombre del tantra de forma indiscriminada. Lánzate al oscuro abismo. ¿Lo sabías?
9. Sin alcanzar ningún logro, te apropias con libertad de los bienes del *sangha* u ofrendas a los muertos. Deberás pagar por ello con tu carne y tu sangre en el salón de Iama. ¿Lo sabías?
10. Tras la muerte de una persona pobre, los charlatanes desprovistos de atributos pierden el tiempo con rituales fúnebres, con los que se arruinan a sí mismos y a los demás. Realizar transferencias auténticas para los muertos requiere de sabiduría y de habilidad. ¿Lo sabías?
11. Hay personas que dicen haber encontrado refugio en el budismo y se consideran superiores. Sin embargo, es imposible que germine el fruto del mérito en una soberbia bola de hierro. ¿Lo sabías?
12. Somos hermanos espirituales bajo el cuidado de auténticos y amables maestros. Debemos tomar al dolor y al placer que sentimos en el samsara con la ecuanimidad que corresponde a nuestro nivel de realización. ¿Lo sabías?

13. Las preguntas anteriores no tienen la intención de juzgar las faltas de los demás. Por el contrario, son espejos para ver nuestras virtudes y defectos. ¿Lo sabías?

10 de junio

Maestro venerado

Ha pasado un mes desde que nuestro amado gurú Jigme Phuntsok Rimpoché fue ingresado en el Hospital Chengdu 363. Hoy Dodrupchen Rimpoché ha venido desde Sikkim a visitarlo.

Nuestro gurú nos ha pedido especialmente que le preparáramos un asiento cómodo para él. Este anciano mayor de ochenta años, de caminar inestable, ha llegado con un acompañante y se ha negado a sentarse en el lugar preparado para él; en su lugar, se ha sentado en un taburete pequeño, ha rezado por una larga vida para nuestro gurú y ha descrito el desarrollo del budismo en la India y en China. Luego han comenzado a conversar sobre diversos asuntos, religiosos y otros, cambiando de un tema a otro. Estaban tan animados e inmersos en la conversación que ninguno de ellos ha mostrado señales de cansancio.

Nuestro gurú le preguntó a Rimpoché cuántos asistentes tenía cuando viajó al exterior, a lo que él respondió: «Ninguno. Viajé solo». «¿Sí? Pero ¿quién ha cuidado de usted en el camino?». «Alguien espera a mi llegada y me manda de vuelta. Es engorroso que alguien me acompañe. Por favor, no se deje engañar por mi edad, aún me encuentro lo suficientemente bien como para cuidar de mí mismo». Es increíble que este renombrado maestro del Tíbet prefiera mantener un perfil bajo, en contraste con los así proclamados maestros que carecen de realización, pero se rodean de un séquito numeroso.

De ese modo, los dos maestros espirituales disfrutaron de una franca conversación y expresaron sus deseos de permanecer en este mundo para beneficiar a los seres sintientes. Rimpoché nos bendijo antes de retirarse a su morada en el Hotel Shudu Mansion. Al llegar allí, muchos seguidores de diversas religiones le esperaban con respeto.

Cuando partimos, él entró en una breve meditación y me instó a realizar las siguientes prácticas para rezar por una larga vida para nuestro gurú y eliminar las dificultades para él y sus discípulos: diez mil recitaciones de la *Plegaria de los dieciocho Arhats*; cien mil recitaciones del *Mantra del corazón del buda madre de cuatro caras*, y cien mil recitaciones del *Tantra de la purificación impoluta*.

Me he tomado en serio lo que ha dicho y espero que todos trabajemos con seriedad y honestidad para que nuestro gurú y nuestros maestros consumados tengan una larga vida. ¡Que todos los obstáculos y condiciones desfavorables sean superados!

12 de junio

Práctica real

Hoy he sido testigo de una escena impactante en un hotel de cinco estrellas, cuando un cliente ha montado en cólera y ha estado a punto de golpear a una empleada. Sin embargo, la mujer ha conservado una sonrisa profesional y amable durante todo el tiempo y ha mantenido una compostura admirable.

La paciencia o la tolerancia son las más difíciles de las «seis perfecciones trascendentales». Para el budista, ser paciente al tratar con seres sintientes es un entrenamiento que nunca termina. Las escrituras dicen: «La paciencia es la base para mantener los preceptos puros y lograr la quietud. El crecimiento de todas las cualidades positivas depende de la paciencia». Sin embargo, muchos budistas, yo mismo incluido, no podemos compararnos con esta empleada de hotel. Si una persona corriente es capaz de demostrar una paciencia excepcional por el bien de su carrera o su paga, ¿cómo es posible que un practicante del *mahayana*, quien aspira a trabajar por la felicidad temporal y última, propia y de los demás, se quede atrás? ¿No debería sentirme avergonzado?

En teoría, todos sabemos que nuestras buenas y malas acciones acumuladas hacen que experimentemos felicidad o sufrimiento. Al enfrentar a una persona enfurecida, solo deberíamos culpar a nuestros demonios del pasado. Longchenpa dice: «Si llega la hora de pagar la deuda kármica, no podemos escapar de la retribución; si no hay deuda, no habrá nada que pagar. Además, los halagos o difamaciones de los demás tendrán poco peso a nuestro favor o en contra».

Cuando una persona nos golpee o maltrate, en lugar de verla como enemiga, lo que haría la mayoría, debemos verla como a un amigo espiritual. Al comprender el principio de causalidad, no nos veremos forzados a dar una respuesta por reflejo y etiquetar al otro de inmediato como amigo o enemigo. Es admirable que la empleada demostrara tal nivel de tolerancia. Como resultado, seguramente gozará de sus frutos maravillosos en el futuro.

«La paciencia corta el mal de raíz; pacifica a quienes son rápidos para el reproche», rezan las escrituras. Si podemos practicar la *bodhichitta* y la paciencia cuando nos ofenden, nuestras deudas kármicas y males se extinguirán y alcanzaremos la felicidad última.

13 de junio

Objetos benditos

Como muchas personas, cuido mucho de los objetos que han sido bendecidos. Siempre uso los más preciados para mí y rara vez se los muestro a otras personas que no sean amigos cercanos.

Algunos creen que esta clase de apego es injustificado. Dado que todos los fenómenos son como un sueño, una ilusión, una burbuja o una sombra, ¿por qué hacer tanto aspaviento por los objetos benditos? De hecho, desde el punto de vista de la verdad absoluta, todo es puro e igual. Sin embargo, el poder de estos objetos es inconmensurable desde el punto de vista del origen dependiente.

Recuerdo haber visitado en Bután a Dilgo Khyentse Rimpoché en los años noventa, durante un día caluroso y húmedo. Llevaba el torso desnudo, pero usaba una caja gau y otros amuletos colgados del cuello. Abrió el gau y nos dijo que la imagen de Manjushri era el propio Manjushri, quien solía emitir luz y fusionarse en el corazón de Mipham Rimpoché cuando componía *sastras*; luego nos bendijo con ella llenándonos de enorme alegría y gratitud.

Nuestro estimado gurú Jigme Phuntsok Rimpoché también lleva consigo un gau lleno de tesoros y solo se lo saca para bañarse. En el linaje Kagyu, el sombrero negro del Karmapa era un tesoro valioso, respetado por miles de personas. La rama zen del budismo, reconocida por su doctrina de «no apegarse a nada», tiene el traje sagrado del Dharma, que pasa de generación en generación. El hecho de que los grandes maestros valoraran tanto los objetos sagrados revela ese poder misterioso de interdependencia que va más allá de nuestra comprensión.

Después de su paso al nirvana, buda Shakyamuni nos ha dejado muchas reliquias físicas para que adoremos y le rindamos homenaje. Las escrituras también establecen que usar ornamentos, imágenes o textos sagrados en nuestros cuerpos nos protege de seres malignos y fuerzas hostiles. En consecuencia, es prudente no subestimar el significado de los objetos sagrados hasta comprender la unidad de la pureza y la igualdad.

14 de junio

Ofrenda de sangre

Mientras observaba a muchas personas correr de aquí para allá por la ventana, mi mente comenzó a volar, hasta que un zumbido repentino interrumpió mis pensamientos. Luego, un mosquito de color café y blanco aterrizó en mi brazo. ¡Así que tú eres el ruidoso! A continuación, extendió su trompa y penetró mi piel, y yo comencé a recitar el mantra del corazón Avalokiteshvara con el deseo de que el mosquito se liberara pronto. Al mismo tiempo, me entretuve con su forma tierna de alimentarse, mientras que el insecto, tal vez por temor a perder su infrecuente festín, parecía absorto por completo y no desvió la mirada en absoluto. En poco tiempo, su cuerpo delgado se hinchó y entonces, satisfecho, decidió retirar la trompa. Quizás porque estaba demasiado lleno, revoloteó arriba y abajo sobre mi brazo un par de veces antes de despegar con un bamboleo, y el zumbido volvió a mi oído, pero con un tono de felicidad subyacente que no había antes. Es extraño que incluso un mosquito pueda emitir un sonido agradable cuando está de buen humor.

Inmediatamente después, recité la plegaria de dedicación que el buda Shakyamuni usó al ofrecerles su carne y su sangre a los espíritus malignos en su vida previa:

Que por este mérito todos los seres sean omniscientes.
Que venza a los enemigos de actos malignos.
Que libere a todos los seres del océano del samsara,
de las olas tormentosas del renacimiento, la vejez,
la enfermedad y la muerte.

Mi ofrenda de un minuto de sangre a un mosquito no puede compararse con los actos elevados de Buda. Pero, como dice el dicho: «Aunque las gotas de agua sean diminutas, una a una llenarán un contenedor gigante». Una persona solo puede lograr pequeños actos virtuosos, pero al acumularlos poco a poco, sin duda, le llegará el día de alcanzar el mismo estado que Buda.

16 de junio

Saborear el lujo

Una persona laica me ha contado que cuando viaja siempre se detiene en los mejores hoteles y ha insistido en invitarme a parar en uno de cinco estrellas para que pudiera probar sus instalaciones fastuosas. Así que ha hecho una reserva para mí en el mejor hotel de Chengdu, el Jin Jiang.

En cuanto el taxi se detuvo en la entrada, los servicios personalizados propios de un hotel de cinco estrellas entraron en acción: el botones abrió la puerta y bajó mi equipaje; en la recepción, mis ojos se sintieron atraídos por aquella decoración brillante; y, una vez en la habitación, tanto los muebles elegantes como la cama extensa y cómoda, así como el baño impoluto eran promesa de una placentera estancia.

Por su parte, el restaurante exhibía una amplia variedad de delicias chinas suntuosas y comidas exóticas para tentar el apetito. Y disfruté del banquete en una atmósfera de música melodiosa imaginando que, bajo los estándares populares, esa experiencia debía de ser de los mayores placeres de la vida. Sin embargo, no he podido evitar preguntarme cómo podría comparar el coste de mi estancia con el de salvar las vidas de cientos de miles de anguilas. ¿No sería maravilloso que ese dinero se usara para liberar a seres vivos?

Recostado en aquella cama de lujo, recordé uno de los cuentos de *Stories old and new* ('Historias antiguas y nuevas') en el que un hombre rico disfruta de toda clase de comidas deliciosas durante el transcurso del día, pero, por la noche, sufre pesadillas en las que cae en el infierno, donde padece torturas terribles. Por el contrario, su pastor, aunque come comida en mal estado y duerme sobre el heno, siempre tiene sueños agradables en los que disfruta de la felicidad celestial. El hombre rico le propone intercambiar sus sueños, pues a pesar de tener que hacer trabajos duros y comer solo alimentos descompuestos, al hombre rico no le importa, ya que lo esperan sueños agradables por la noche. En un principio, el pastor cae en los placeres lujosos durante el día, pero enseguida comienza a temer las torturas nocturnas. Cuando la experiencia se vuelve insostenible, regresa a su vida como pastor. En conclusión, una cama lujosa no es garantía de un buen sueño, mientras que una cama artesanal en campo abierto puede ofrecer un encantador paisaje nocturno.

Inmerso en mis pensamientos, me quedé dormido. Al despertar, noté que, a pesar de no haber tenido pesadillas, la cama suave y elegante me provocó dolor de espalda durante mucho tiempo.

17 de junio a medianoche
Escrito mientras combato el dolor de espalda sobre la alfombra del Hotel Jian Jiang

Mi sobrino

Tenía decidido no escribir sobre mis familiares en este libro, pero la noticia que he recibido hoy ha sido demasiado buena para contenerme, por lo que cederé y escribiré al respecto.

Mi sobrino Ridgzin Norwo tiene diez años y, según yo recuerdo, es muy austero. Le he estado dando un poco de dinero cada mes, que siempre guarda muy bien. Mientras que sus compañeros compran bocadillos o bebidas, él no; aunque se le haga la boca agua, se resiste a gastar su dinero en golosinas. Es muy tacaño y siempre intenta pedir o tomar prestado lo que necesita de donde puede.

Hoy mi hermano me ha contado que mi sobrino le ha ofrecido todo el dinero que había ahorrado con mucho esfuerzo durante tanto tiempo, un total de seiscientos yuanes, a Khenpo Tsultrim Lodro para la liberación de animales y bendiciones rituales. No se ha quedado ni un solo centavo para él. Me ha conmovido mucho saberlo. Ridgzin Norwo siempre ha sido propenso a la bondad y le encanta liberar animales. En una ocasión en que un tractor le causó una herida, le dije para consolarlo: «De no haber sido por tu práctica constante de liberar animales, podrías haber sufrido más fracturas». Él coincidió: «También lo he pensado. Estoy muy agradecido por las bendiciones de las Tres Joyas».

A pesar de que mi sobrino se ha privado del placer de comer bocadillos, sus ganancias han sido inconmensurables. Muchos de sus compañeros jóvenes, condicionados por las costumbres mundanas, no dudan en lastimar a otros por su propio interés. Cuando se enfrentan a la mala suerte, se alteran y culpan al destino o a otras personas. La conducta sensible de mi sobrino debe atribuirse a las bendiciones de los lamas y a las Tres Joyas.

Desearía que los compañeros de mi sobrino tuvieran esa misma suerte de que la luz y la lluvia de las enseñanzas de Buda siempre los nutran; que se libren de las tormentas violentas de la existencia mundana, y que no repitan los mismos errores de sus predecesores. En cuanto a mi sobrino, no puedo predecir su futuro, pero, al menos por ahora, sus acciones me han generado una alegría inmensa.

18 de junio

Dejar Chengdu

Han pasado ocho meses desde que nuestro amado H. H. Jigme Phunstok Rimpoché dejó Larung para recibir tratamiento médico en la ciudad de Chengdu. A pesar de que el *Uttaratantra Shastra* y otras escrituras dicen que los seres sublimes están libres del envejecimiento y la enfermedad, los grandes maestros muestran signos de deterioro físico. Lo hacen para demostrar la impermanencia y ofrecer oportunidades a los seres sintientes para cultivar méritos y, así, liberarlos de las garras demoníacas de la ignorancia.

Unos días atrás, nuestro lama Rimpoché reflexionó: «Miles de estudiantes en Larung han estado esperando mi regreso, y debo cumplir sus deseos sin importar lo que pase. ¡Regresemos!». Entonces, a las siete de la mañana de hoy, doce de nosotros dejamos Chengdu en silencio y nos dirigimos hacia el hogar que habíamos extrañado durante tanto tiempo, el valle de Larung.

Rimpoché, cuya salud no mejoraba, comenzó a vomitar poco después de iniciar el viaje. La situación empeoró cuando llegamos al condado de Wenchuan, por lo que tuvimos que detenernos en el camino y extender una esterilla sobre la hierba, donde el maestro continuó vomitando. A pesar de que nuestros corazones sufrían llenos de ansiedad, éramos incapaces de aliviar su malestar.

Al otro lado del campo, las colinas empinadas se elevaban hacia el cielo como una funesta barrera que bloqueaba nuestro camino a casa. El río cercano fluía con fuerza, turbulento como mi alma en pena, y mi corazón se llenó de lágrimas que fluyeron en una melodía triste:

Las montañas verdes se elevan hacia las nubes,
el río enfurecido eleva olas turbulentas.
Mientras nuestro maestro sufre un malestar implacable,
¡sus discípulos sentimos una agonía y un dolor insoportables!

De haber conocido la enfermedad de nuestro gurú, los cuatro grupos de discípulos de Larung no hubieran dudado en sacrificar sus propias vidas a cambio de la salud del maestro. Pero allí, viendo la apariencia demacrada del gurú, yo no he sabido qué hacer. Por el momento, hemos tenido que renunciar al plan original de quedarnos en el condado de Li y nos hemos dirigido a Wenchuan.

19 de junio en Wenchuan

Limitar el sueño

Durante los últimos meses, por cuestiones de salud, he abandonado el hábito de levantarme temprano y, en ocasiones, me quedo en la cama hasta entrada la mañana. El hecho de que Dilgo Rimpoché mantuviera la costumbre de dormir poco durante décadas y no la abandonara bajo ninguna circunstancia me hace sentir muy avergonzado.

Al haber jurado proteger a todos los seres, debo valorar el tiempo, limitar el sueño y avanzar con diligencia por el camino que genera verdaderos beneficios para mí y para los demás. Las escrituras dicen: «Los grandes sabios duermen menos y siempre buscan formas de despertar; renuncian a la indolencia, al entretenimiento, a los deseos terrenales y a los adornos físicos... Mientras que otros se dan a los placeres, el sabio se mantiene diligente. Al permanecer despierto mientras otros descansan, los sabios, como las buenas semillas, superan a los caballos perezosos». En otras palabras, debemos limitar el sueño, eliminar objetivos insignificantes y practicar con responsabilidad para llegar al estado insuperable del despertar. El practicante que nunca holgazanea y se mantiene firme, como un corcel que galopa por delante de los caballos más lentos, será el primero en llegar a la meta.

Suele decirse: «Todo es imitación, el que mejor lo hace es quien mejor imita». Como persona corriente, no puedo emular la conducta admirable de los sabios, pero, al menos, puedo seguir su ejemplo de limitar el sueño.

20 de junio
Miyaluo

Un reencuentro agradable

Cuando Yeshe Phunstok y Tsultrim Lodro supieron del regreso inminente de nuestro gurú a Larung, no perdieron tiempo para acercarse a Shang Zhai a esperarlo. Yeshe Phunstok reservó un alojamiento para el gurú que, en teoría, era el mejor de la zona; sin embargo, el supuesto hotel de primera no le hacía honor al nombre.

Tsultrim Lodro, She y yo nos apretujamos en una habitación que necesitaba limpieza, porque no solo el suelo estaba lleno de colillas de cigarrillos y basura, sino que las almohadas y sábanas estaban sucias. De todas formas, el placer de reunirnos con viejos amigos que no veíamos hacía tiempo hizo que la estancia no fuera menos agradable que mi reciente paso por el hotel de cinco estrellas. Además, la cena resultó ser deliciosa; el poder de la mente lo trasciende todo.

Después de cenar, mientras caminábamos juntos, pasamos junto a un edificio residencial nuevo, en un terreno en el que la gente del lugar solía sacrificar yaks, y Tsultrim Lodro suspiró y dijo: «¡El ser humano es una criatura terrible! Si en este lugar se hubiera masacrado a personas, nadie habría pensado en construir una casa aquí y llamarlo "hogar", pero no les importa la matanza de animales en absoluto». Al percibir las almas infelices de muchos yaks sacrificados merodeando por el lugar, recitamos mantras por ellos y dedicamos el mérito de su renacimiento en reinos más elevados. Muchas banderas de plegarias con el mantra Avalokiteshvara ondeaban con el viento y hacían eco a nuestras oraciones en la colina situada frente al edificio.

Tras reflejar los últimos rayos dorados en las colinas, el sol desapareció en el horizonte y cayó la noche en Shang Zhai. El alojamiento no tenía agua ni lavabo. Un fuerte ronquido que se filtraba por las delgadas paredes como un arrullo melodioso enseguida me llevó al mundo de los dulces sueños.

22 de junio

Bienvenida en casa

Desperté temprano en la mañana; estaba emocionado porque volvíamos a casa y abrí la ventana para sentir el aire fresco cargado de vida. Había llegado la temporada de días más largos y mariposas. El cielo era de un azul prístino, sin rastros de nubes, los árboles estaban llenos de brotes verdes y el sol despejaba la neblina y rociaba el suelo de polvo dorado. Dejamos Serba disfrutando de esta gloria matutina y comenzamos el retorno a Larung en una impresionante procesión.

Los pueblos y monasterios del camino habían escuchado las buenas noticias del regreso de H. H. Jigme Phuntsok Rimpoché, por lo que había multitudes a los lados del camino, esperando respetuosos con *khatas* en las manos. Los ojos de todos se llenaron de lágrimas cuando se bajó la ventanilla del coche y nuestro gurú los saludó; el año anhelando intensamente la llegada de Rimpoché, por fin, se diluía entre las nubes de bruma que ascendían lentamente hacia el cielo azul.

Al llegar a Huoxi, una caravana de treinta vehículos se unió a la procesión, seguida por unos cien caballos engalanados, que montaban jinetes jóvenes, fuertes y atléticos. De este modo, el imponente desfile formado por más de cien vehículos también engalanados, a los que precedía el de nuestro maestro, se prolongó más allá de lo que alcanzaba la vista. Esta corriente de alegría se desbordaba a su paso con oleadas de felicidad.

El desfile alcanzó el punto más álgido al llegar al pueblo de Nuo Ruo, donde los monjes de la Academia Larung, vestidos con túnicas amarillas, formaban filas a ambos lados del camino, como dos banderas celestiales. Las laderas de las colinas estaban llenas de gente, y el verde de la montaña parecía teñido del color de las túnicas. Todos habían estado esperando ansiosos día y noche, mirando hacia el camino para divisar a su maestro. Era el momento de cumplir su sueño, pero no sabían cómo expresar la dicha que brotaba dentro de ellos, así que las miles de palabras que se acumulaban en sus corazones se convirtieron en gritos emocionados y sollozos silenciosos.

Nuestro gurú no dio discursos por el cansancio, pero su regreso ha sido más que suficiente. Todos sintieron la calidez y la seguridad de su presencia, como niños que regresan al abrazo reconfortante de sus madres.

El sol se ocultó en la Vía Láctea y el velo de millones de estrellas se extendió sobre el campo. A pesar de que la noche aún era fría en la llanura, todos tuvieron el mismo sueño placentero en sus carpas, pues sus corazones se habían calentado.

24 de junio

En el lecho de muerte

El clima estaba volviéndose húmedo, por el oeste se acumulaban nubes negras; parecía que estaba a punto de llover. Unos cuantos cadáveres esperaban junto al camino a que les dieran su entierro celestial en el sitio funerario de Larung, lo que ensombrecía mi humor tanto como el cielo oscuro. Pero como dice el dicho: «Nada dura para siempre. ¿Cómo podría este saco de carne y huesos ser una excepción?». Todos somos mortales y, tarde o temprano, estaré junto a esos cuerpos de camino al otro mundo. ¿Sabré qué hacer cuando llegue el momento?

Soy afortunado de haber recibido esta existencia humana y de haber conocido el Dharma y a nuestro incomparable gurú. Sin embargo, mi participación en actividades mundanas me ha impedido involucrarme con seriedad en la práctica. Después de haber experimentado cambios en la vida y haber sido testigo de bastantes dramas humanos, de penas y alegrías, valoro estas máximas al completo: «La vanidad mundana es como una comida desabrida. Los días y noches pasan volando como proyectiles». Es hora de que haga los preparativos para mi último adiós.

Desde tiempos inmemoriales hemos cometido innumerables fechorías por ignorancia o estupidez, así que sería imposible conseguir la liberación de varios ciclos de nacimiento y de muerte valiéndonos solo de nuestro poder. Como hemos aprendido, si no sabemos qué hacer al morir, lo mejor es recordar al gurú. Los maestros espirituales representan las Tres Joyas, pensar en ellos es pensar en todos los budas a lo largo del tiempo y del espacio. En el *Sutra Requested by Miao Bi* ('Sutra solicitado por Miao Bi') se dice: «Cuando la muerte se acerca, recordar al gurú, al menos, un segundo es la mejor manera de morir. Así estaremos seguros de lograr la liberación». De manera que, sin importar cuán graves hayan sido nuestros pecados, recordar a nuestro gurú en el momento de la muerte nos llevará a renacer en una Tierra Pura y en el budismo.

Un grano de arena se hunde en el agua, pero a bordo de un gran barco de carga, miles de toneladas de arena no se hunden y pueden llegar a la costa opuesta. Del mismo modo, al pensar en el buda Shakyamuni, el buda Amitabha o en nuestros gurús en el lecho de muerte, abordamos la mejor embarcación y navegamos sin contratiempos hasta la Tierra Pura de la Dicha Suprema. ¿Tendré consciencia suficiente para recordarlos a todos al morir? *¡Lama chen!*

26 de junio

De aquí para allá

«Desgastar los cojines por sentarse en ellos es mejor que desgastar los zapatos por viajar de aquí para allá». Siempre utilizo esta frase para darme ánimos. Muchos practicantes se enorgullecen de convertirse en buscadores espirituales, felices de dedicar su tiempo a peregrinajes o visitas a centros del Dharma. Un día llegan a un templo para pasar la noche; al siguiente, inician la peregrinación a una montaña sagrada. Pero yo tengo mis razones para desaprobar tales prácticas. Patrul Rimpoché nos recordaba esto: «Visitar montañas sagradas o realizar peregrinaciones por placer parece ser una práctica espiritual, pero no lo es».

El objetivo principal antes de alcanzar la talidad debería ser domar la propia mente, no ir sin rumbo como las malas hierbas. Si dejamos que las circunstancias dispersen nuestras mentes, sin duda, desperdiciaremos nuestra valiosa vida. La edad y las enfermedades llegarán de pronto y sin invitación, pero será demasiado tarde para llorar sobre la leche derramada.

Si existe el deseo de viajar, es mejor hacerlo con la mente y no hacer trabajar al cuerpo. Los Tres Mil Mundos se encuentran escondidos entre las páginas de libros. Por ejemplo, el *Sutra Avatamsaka* es una guía completa a través del cosmos. Al quedarnos quietos, la imaginación puede viajar a voluntad a través del cosmos infinito de Avatamsaka, lo que es mucho mejor que hacer viajes que agotan nuestro cuerpo y mente. Viajar con libros desde un sofá nos salva de enfrentar un mal clima, desplazamientos de tierra, terremotos, bandidos, animales salvajes y el peligro de perder la vida o las posesiones. Os animo a considerarlo.

Buscadores espirituales auténticos, ¿pensaréis en mi sugerencia?

27 de junio

Esencia vital

Todos los fenómenos se originan a partir de causas,
el Tathagata enseña estas causas,
así como lo que pone fin a las causas;
eso también ha sido proclamado por el Gran Shramana.
Abandonad la maldad.
Practicad la virtud.
Dominad la mente.
Esta es la enseñanza de Buda.

Este verso expresa todos los puntos esenciales del budismo sutrayana. Los practicantes pueden beneficiarse al explicar su significado a los demás y al recitarlo cuando reciban ofrendas o al dedicar el mérito de liberar animales.

«Abandonad la maldad» es el alma de Shravakayana, es decir, mantener la integridad y no lastimar a los demás. «Practicad la virtud» representa la esencia del camino del *bodhisattva*: aceptar a todos los seres de este mundo y participar de actividades beneficiosas como:

- Aliviar a seres del sufrimiento.
- Ayudar a quienes lo necesitan.
- Cuidar de quienes estén solos.
- Ser paciente con los defectos de los demás.

«Dominad la mente» hace referencia a purificar la oscuridad y eliminar los pensamientos negativos.

Si los practicantes siguen estas indicaciones, los dioses benevolentes siempre los protegerán, ningún espíritu maligno podrá hacerles daño y surgirán muchas condiciones alegres y auspiciosas de forma espontánea. Sus objetivos (aplacar las emociones conflictivas, terminar con el ciclo de renacimiento y alcanzar la iluminación) pronto estarán al alcance.

—Maestro, ¿cuál es la esencia del budismo?

—Abandonar el mal y practicar la virtud —respondió el maestro.

—¿Eso es todo? Pero hasta un niño de tres años sabe eso.

—Puede que un niño de tres años lo sepa, pero un hombre de ochenta realmente no puede hacerlo.

Así suele ser la situación; es más fácil decirlo que hacerlo. Tenemos que redoblar esfuerzos para llevar estas enseñanzas a la práctica diaria.

Buda y sus discípulos solían recitar este verso para dedicar el mérito de su benefactor cuando recibían ofrendas. Los monjes tibetanos solían hacer lo mismo, y algunos monjes tai aún lo hacen al recibir almas, algo que aprendí en mi viaje a Tailandia en 1999. Por algún motivo, esta práctica se está perdiendo; muchos monjes solo dan las gracias al participar de ofrendas de alimentos. Es una tradición que desciende de la era de Buda, por lo que sería mejor no dejarla morir. ¡Recuperemos esta práctica positiva para así generar sus numerosos beneficios!

29 de junio

Etapas de la vida

Venga, vamos, deja de ser perezoso, ¡levántate y traduce! Después de prepararme una taza de té de jazmín, busqué una pluma y abrí las páginas de mi trabajo. Sin embargo, en lugar de traducir, comencé a reproducir en la mente las escenas de mi vida una a una.

La época como niño pastor: en la que yo corría descalzo con otros niños, cantando con alegría bajo las nubes blancas que flotaban por el cielo azul sobre los campos verdes. Teníamos cientos de yaks como amigos, y disfrutábamos al máximo jugando por el terreno vasto y ondulante.

La época como estudiante de primaria: cuando era como Alí Babá, que se topó con una cueva secreta en la que cuarenta ladrones habían escondido un tesoro. Yo iba caminando a la escuela con mis compañeros, cargaba mis libros y coleccionaba con avidez muchas joyas de la cámara del conocimiento.

La época como monje: en la que, ataviado con la túnica religiosa y acompañado por miles de amigos espirituales, me puse bajo el cuidado de nuestro gurú. Estudiamos y contemplamos sutras y sastras, navegamos el océano vasto del Dharma sagrado y purificamos la oscuridad de nuestros cuerpos y almas.

La época como traductor: como ha querido el destino, he entablado conexiones oportunas con muchos devotos han y, con el deseo de compartir los tesoros del budismo tibetano, decidí traducir su esencia al chino. Pluma en mano, me he sumergido en las escrituras y he dedicado muchos días y noches indagando en lo profundo de mis pensamientos y exprimiendo mis sesos.

Este sería el momento propicio para comenzar la época de práctica. Al llegar al Tíbet, el maestro Atisha le ha pedido ayuda con la traducción a Ronchen Riwo. El traductor veterano ha respondido: «¿Ves cómo mi cabello se está volviendo gris? Ya no debo dedicarle tiempo a la traducción, debo dedicarme a mi práctica». El maestro respondió con admiración: «Sí, es hora de que practique». Por estos días, mi cabello es mucho más gris que antes y, a falta de meditación auténtica, lo que sé permanece en un nivel superficial, sin fundirse en mi mente. Si no hago nada al respecto, pronto me acercaré a la muerte y seré historia.

30 de junio

Partida elegante

Hoy un monje de Qinghai me ha dado la noticia de que el lama Topden falleció hace un mes. Este fue discípulo de Dzogchen *Khenpo* Kunze, que vivió en el retiro durante veintiún años y que, aun estando en prisión, continuó con la práctica. Con frecuencia, su realización profunda ha dado señales auspiciosas de logros por llegar. Ha escrito *The Great Perfection: Cloudless Spacious Sky* ('La gran perfección: un gran cielo despejado'), que he tenido el privilegio de leer, y ha entrenado a muchos discípulos destacables.

Hacia el final, se encontraba muy enfermo y, el día de su muerte, les dijo a quienes lo acompañaban: «Para vosotros, mis estudiantes, este es mi consejo si queréis escucharlo: debéis practicar la *bodhichitta* con diligencia cuando me haya ido». Luego, se vistió con su traje formal, se sentó en la postura de *vajra* y partió en paz.

En círculos *vajrayana,* un grupo de practicantes del tantra puede ver el momento de su propia muerte y así tener una partida digna. Además, recibir empoderamiento e instrucciones esenciales sobre la Gran Perfección proporciona beneficios a largo plazo. Aunque los discípulos aún no alcancen la realización en esta vida, solo necesitan mantener la fe inquebrantable y seguir los votos tántricos con rigurosidad. En sus vidas futuras, volverán a encontrar el *vajrayana* y alcanzarán la realización gracias a la bendición de haber escuchado este Dharma sublime.

Después de haber recibido esta enseñanza suprema, debemos acrecentar la fe y la devoción, generar una *bodhichitta* insuperable y practicar con regularidad para alcanzar a todos los seres sintientes desorientados.

1 de julio

Humanos voladores

Las aves despliegan las alas y vuelan por el vasto cielo. La leyenda de que «el fabuloso Roc planea durante miles y miles de kilómetros» ilustra el vuelo despreocupado de esta ave mitológica y también refleja el anhelo idealista de un estado prístino. Desde la Antigüedad, los seres humanos han soñado con superar la fuerza de la gravedad y elevarse en la inmensidad del cielo. Como en la obra *Sueño en el pabellón rojo*, en la que la doncella Lin Daiyu Yo se lamenta: «Desearía que crecieran un par de alas bajo mis brazos. Desearía volar con pétalos de flores por las fronteras del cielo». O en la plegaria de un rito antiguo que reza: «Abro las puertas del cielo y monto sobre pesadas nubes negras; los remolinos de viento me guían y la tormenta despeja el camino para mí».

Existen muchas historias populares que hablan del deseo humano de volar; se encuentran figuras de deidades voladoras en los frescos Dunhuang, y algunas leyendas antiguas representan a Chang-Er volando hacia la luna y a siete hadas descendiendo hacia el mundo humano. Muchas personas piensan que estas historias no son más que fantasías y que es imposible que los humanos vuelen sin la asistencia de un avión, un globo u otro medio de transporte.

Sin embargo, volar no es solo un cuento de hadas, ya que la literatura *vajrayana* tiene muchos registros históricos de auténticos vuelos humanos. De acuerdo con *La escuela nyingma de budismo tibetano, historia y fundamentos* de Dudjom Rimpoché, existió una monja llamada Manmo que, tras hacer una ofrenda *tsog*, se elevó al cielo con sus discípulos y voló hacia la Tierra Pura del Gurú Rimpoché. Unos pastores cercanos atestiguaron el hecho y, después de participar de las ofrendas *tsog*, todos alcanzaron un *samadhi* insuperable. En la década de los cincuenta, ante la vista del público, Khenchen Tsewang Ridgzin levitó y voló a la Tierra Pura un día antes de que se iniciara su persecución política.

Hacia el final del Festival de la Cosecha de Larung, *Khenpo* Tsultrim Lodro partió en un viaje para buscar testigos de esta historia. Después de recorrer cientos de kilómetros entre montañas, en Yushu, Qinghai, encontró a los antiguos líderes de la persecución de la época de Khenchen Tsewang Ridgzin, quienes repitieron que lo habían visto con sus propios ojos: *Khenpo* se había elevado del yak en el que estaba sentado. Todos habían sido testigos de ese espectáculo extraordinario.

Hoy *Khenpo* Tsultrim Lodro me ha hablado de esas entrevistas, que compilará al detalle en un artículo que pronto va a publicar. Quienes lo lean (escépticos del vuelo humano o quienes estudian *vajrayana*), sin duda, comenzarán a tener fe en los logros del *vajrayana*. ¡No os perdáis ese artículo!

2 de julio

Impulso

Un *khenpo* que acaba de regresar de la India me ha contado sobre sus cuatro años de estudio en el monasterio Drepung Loseling, donde residen alrededor de tres mil monjes. Todos los días la campana los despierta a las cinco de la mañana para iniciar una rutina de actividades muy cargada, que se extiende hasta las once de la noche con muy pocos descansos. En ese entorno de aprendizaje intenso, cualquiera que se desvíe o rompa las reglas, sin duda, será reprendido con implacable látigo.

Los estudiantes deben seguir un programa de educación riguroso y progresivo. El primer año incluye lógica budista básica (*Hetuvidya*), que supone estudiar el conocimiento adquirido por medio de los sentidos y de la inferencia. Luego siguen siete años de estudio del *Ornamento de la realización clara*, tres años de Madhyamaka y cuatro años de Abhidharmakosha. El *Compendio sobre la cognición válida* está vigente durante todo el programa; todos deben aprender sesenta o más capítulos en prosa, de lo contrario, se enfrentan a la expulsión. Después de terminar todos esos años de estudios en el Sutrayana y de pasar evaluaciones estrictas, el estudiante podrá embarcarse en los estudios secretos del Mantrayana.

La descripción que el *khenpo* me ha hecho de su experiencia me inspira una gran admiración por el sistema administrativo del monasterio. Con los años, me he vuelto más perezoso porque no existe una presión externa sobre mí, y las distracciones han arruinado muchos planes de leer libros o realizar tareas. Como alguien que carece de autodisciplina, no me haría mal un látigo externo que incite mi responsabilidad, me impulse y me fuerce a progresar.

3 de julio

Cercanía a la muerte

Una enfermedad extraña afecta a mi amigo de la infancia, Yuno, y la mitad de su rostro ha comenzado a inflamarse sin explicación. La hinchazón compromete sus músculos, lo que afecta su vida diaria y compromete su existencia en sí. Ningún tratamiento ha funcionado y su situación ha superado la capacidad médica, por lo que sin otra opción ha dejado a sus hijos y su hogar para venir a Larung a esperar el veredicto del Señor de la Muerte.

Al visitarlo hoy, me ha impactado ver su rostro desfigurado; en él no queda nada de su imagen juvenil y atractiva. Se ha forzado a sonreír ante mis palabras de consuelo, lo que ha hecho que su rostro luciera aún más grotesco, y me ha resultado casi imposible relacionar al Yuno que tenía frente a mí con el de mis recuerdos de un niño pastor feliz.

En aquel tiempo, pastoreábamos yaks por los pastizales, alegres y despreocupados. Por las mañanas, nos levantábamos con el sol y entre la niebla; por las tardes, regresábamos a casa bajo las nubes de color rosa, cantando canciones folclóricas. Yuno era el más apuesto y animado del grupo, pero el tiempo y los sucesos de la vida han borrado aquellos agradables días. Ahora, frente a mi amigo de la infancia, todo parece muy lejano.

La vida está llena de alegrías y tristezas que van cambiando. Después de la alegría suele seguir la tristeza; el viento y la lluvia siempre siguen a los días soleados. A menos que encontremos la salvación del Dharma, seremos abatidos sin poder hacer nada por los vientos constantes del karma, caeremos en el inestable «estado intermedio» y esperaremos confundidos un futuro incierto.

De todas formas, en medio de esta calamidad, es un consuelo saber que Yuno ha escogido refugiarse en el budismo y que gracias a su fe y devoción estará preparado para morir. Se dice que: «La felicidad extrema en el reino de dios evita que los seres celestiales lleguen a la iluminación; el sufrimiento en el reino humano facilita que alcancen el estado de buda». Los seres celestiales caen en placeres extravagantes y agotan su «mérito», lo que da lugar a su caída y alejamiento del camino de buda. Por el contrario, sufrir en el mundo humano, aunque sea doloroso, funciona como advertencia y estímulo, y guía a los humanos hacia el camino de la liberación.

A través de métodos hábiles, podemos transformar las enfermedades en prescripciones para la liberación y las condiciones desfavorables en favorables. Le deseo lo mejor a Yuno y rezo para que comprenda estas enseñanzas.

4 de julio

Contemplación silenciosa

La llovizna avivó la hierba como un rocío teñido de verde. Las plantas del pórtico y del jardín florecieron con generosidad. Sentado en el jardín, pasando las páginas del *Sutra Ratnakaranda*, he leído este pasaje: «Para conseguir una mente ágil y en paz, el principiante debe practicar en un lugar solitario». Y, de hecho, hasta haber reconocido la unidad de las apariencias y de la mente, debemos evitar un entorno que nos distraiga.

Longchenpa también dice: «Antes de conseguir estabilidad en la meditación, la mente se distrae con facilidad, por lo tanto, debemos estar en un lugar tranquilo». Después de iniciar las prácticas en soledad, las instrucciones esenciales se fijan en la mente y vemos que todas las actividades, ya sea caminando, sentados, de pie o recostados, no son más que instancias de práctica y que nada supera a la manifestación del Dharma. Al percibir que el universo, las montañas, los océanos y galaxias son apariencias transparentes y puras en todas partes, podremos cumplir cualquier tarea sin esfuerzo.

En *Essays on the Stages of the Path to Enlightment* ('Ensayos sobre las etapas del camino a la iluminación'), el gran Geshe Shardong del monasterio Jakhyung escribe: «Si alguien ha llegado a ser inmune a las enfermedades externas y ha fusionado el Dharma con la mente, esparcir el Dharma en grandes ciudades como Pekín y Taiwán será un festín que merecerá la pena disfrutar. Sin embargo, quienes se retrasen en conseguirlo será mejor que continúen la meditación en soledad».

En el parque, mientras estaba atento a los sonidos, escuché el ocasional aleteo de las aves por el cielo. El silencio reinaba en el lugar y, al mirar alrededor, percibí el entorno tranquilo y discreto, con excepción de las flores que se mostraban abiertamente por el jardín.

La Academia Budista Larung es el hogar de miles de aspirantes al Dharma, que a través de las increíbles bendiciones de nuestro amado gurú y de las Tres Joyas, se comprometen a dominar sus mentes. Los «practicantes realizados» ocultan sus logros y mantienen un perfil bajo, con lo que convierten a Larung Gar en un rincón que atrae a muchos buscadores espirituales. ¡Me siento muy afortunado de estar en esta tierra serena y poder ser miembro de esta comunidad!

5 de julio

Veneración al gurú

Hoy he tenido el privilegio de leer una breve biografía que el sabio Shabkar Tsokdruk Rangdrol ha escrito de su maestro espiritual, su santidad Chogyal Ngakgi Wangpo. Cada canción *vajra* compuesta por él es una alabanza a su maestro y revela una devoción incomparable hacia su gurú.

Su santidad Chogyal Ngakgi Wangpo era un monarca mongol al que Shabkar había conocido en un festival *vajra*, en el que el maestro se encontraba sentado en la hierba, disfrutando del espectáculo junto a su consorte. Después de rendirle homenaje, Shabkar fue aceptado como discípulo del maestro y se embarcó en la práctica, primero estudiando las etapas del camino a la iluminación, luego recibiendo el empoderamiento en el *mantrayana* secreto y transmisiones de los *Siete tesoros* supremos. Cuando estaba preparándose para partir a su retiro en solitario, el maestro le dijo: «Nuestros días juntos son limitados, no te alejes». Entonces, siguió al gurú a un lugar recluido para practicar juntos. Durante ese período, realizó circunvalaciones alrededor de la tienda del gurú a diario, y las bendiciones del este fortalecieron su fe.

Más adelante, el gurú le permitió practicar meditación en Qinghai Huxin, donde selló su cueva con rocas y barro para practicar sin descanso. Una noche, soñó con un hombre montado en un caballo azul que le dijo: «Tu maestro irá a otra tierra, ¿no quieres verlo?» y, sin pensarlo, se unió al hombre para ir a donde estaba el gurú. Para cuando llegaron, el hombre no se veía, así que le preguntó al jinete del caballo azul: «¿Dónde está mi gurú?». «Ahora está en la Tierra Dakini de la Libertad», respondió el jinete antes de darle un latigazo al caballo y alejarse a gran velocidad. Tras una larga cabalgata, Shabkar divisó una procesión de miles de personas con sombrillas hermosas, paraguas ornamentados, gongs y tambores para darle la bienvenida a su maestro. Entonces, con los ojos llenos de lágrimas, hizo una reverencia frente al maestro de su eterno anhelo y le imploró: «Maestro, ¡lléveme con usted, por favor!». A lo que el gurú respondió: «Ahora no. Debes volver y meditar. Debes esforzarte para beneficiar a otros seres», luego le dio su bendición y siguió su camino. A continuación, una cantidad innumerable de dioses y diosas descendieron del cielo para darle la bienvenida formal a su gurú. Shabkar mantuvo los ojos fijos en él hasta que la procesión desapareció.

Cuando despertó, la almohada estaba cubierta de lágrimas y, más tarde, supo que su maestro había fallecido ese mismo día.

¡Qué maravillosas son las bendiciones al alcanzar el linaje de la mente sabia! ¡Que yo despierte la misma fe que Shabkar tenía en su gurú!

7 de julio

Un sueño

En mi sueño, fui a la zona de Jiaga, donde pasé mis días como pastor. Durante siete maravillosos días con sus noches, estuve ante una representación de Avalokiteshvara de la India, a quien serví con veneración, manteniéndome siempre a su lado. Él vestía su atuendo habitual; cada uno de sus gestos era amable y cálido y revelaban los atributos de un auténtico amigo espiritual. No pude evitar sentirme lleno de una alegría indescriptible a cada instante.

Los siete días pasaron en un abrir y cerrar de ojos y, el último, me dijo que le gustaría dejarme algunas enseñanzas. Me hizo sentir más que feliz, pues había estado deseándolo en secreto, pero sentía timidez de preguntarlo, ya que era consciente de mi falta de mérito y de las profanaciones de las «ocho preocupaciones mundanas». ¿Cómo no sentirme encantado cuando mi deseo estaba a punto de cumplirse? Con humildad, le entregué una pluma azul al maestro y observé cómo escribía en el papel: «Construye tu visión en Madhyamaka, dirige tus actividades para beneficiar a los demás…». Sintetizó los puntos esenciales de todas las doctrinas en dos páginas y media, primero con garabatos, luego con una letra más cuidadosa. Al terminar, me entregó las páginas, permitió que les rindiera homenaje y luego le pedí su bendición. Entonces, recitó la plegaria aspiracional de *Tesoro de las instrucciones esenciales*: «En todas mis vidas, dondequiera que renazca, que obtenga los siete atributos de los reinos superiores. Que al nacer, encuentre el Dharma y tenga libertad de practicarlo de la forma correcta…».

Comenzó con una voz firme y resonante, que luego se volvió suave e ininteligible.

Mientras escribo, el sueño permanece vívido, fresco como si siguiera en él. Recuerdo inclinarme y ver el brillo marrón rojizo de sus zapatos, hermoso de contemplar.

Por casualidad, cuando Khenpo Shebul me ayudó a ordenar mi espacio al día siguiente, encontró un obsequio del maestro que había perdido hacía tiempo.

He relatado esta historia para compartir mi felicidad y he hablado solo con la verdad, sin intenciones de hacer alarde. Te ruego que la tomes por lo que vale.

8 de julio

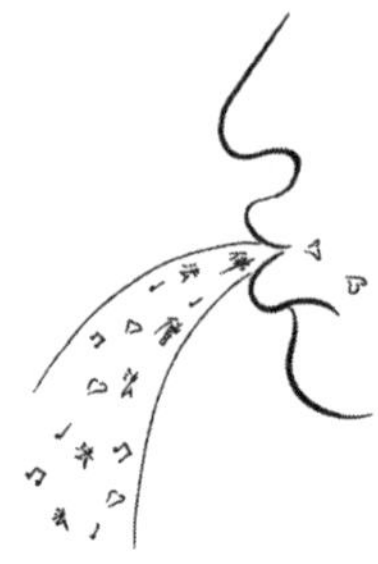

Ofrecer Dharma

Ofrecer Dharma es ayudar a los demás en su camino espiritual explicándolo, transmitiendo los textos, entre otros. Realizarlo con intenciones puras es muy meritorio. El *Sutra solicitado por Kimnara Tongpor* dice: «Al ofrecer Dharma, pacificamos emociones conflictivas; al ofrecer bienes materiales, engendramos una psiquis fuerte. Ofrecer Dharma nos confiere treinta y dos atributos, tales como desarrollar la sabiduría y el poder de conquistar el deseo, el odio y la ignorancia».

Explicarlo a los demás es un acto de enorme generosidad, aunque sea un solo verso para una o dos personas. El *Sutra solicitado por Maitreya* reza:

> *El Buda le dijo a Maitreya: «Imagina que alguien ha llenado con siete joyas preciosas tantos mundos como granos de arena tiene el Ganges y las ha ofrecido como obsequios a los tathagatas de las diez direcciones. También imagina que alguien con un corazón compasivo ha explicado un verso del Dharma a otros. El mérito reunido por el primero no alcanza ni la billonésima parte del mérito del segundo.*

El beneficio de enseñar el Dharma es obvio. Incluso aconsejarle a alguien que lea o recorra las páginas de las escrituras es una forma de regalarlo; los practicantes laicos pueden lograrlo y ganar méritos inmensos. En *La perfección de la sabiduría en ocho mil líneas*, el Buda expresa: «Supón que un hijo o hija de un legado espiritual ha logrado que otros leyeran el discurso del Dharma, lo consideraran o lo practicaran: la fuerza de ese acto generará méritos incalculables».

Las tradiciones seculares consideran que servir y cuidar de los padres es la mayor devoción filial. Para los herederos del buda Shakyamuni, alcanzar la iluminación y beneficiar a otros seres es el acto supremo de devoción para retribuir la amabilidad. Por lo tanto, debemos esforzarnos por esparcir el Dharma para que todos los seres de los seis reinos sean liberados del sufrimiento para siempre. De este modo, podemos retribuir la bondad de nuestros innumerables padres del pasado por darnos la vida y por criarnos. Al mismo tiempo, propagamos la sabiduría del legado de Buda, una responsabilidad que no debemos descuidar.

11 de julio

Conexión kármica

Hoy me ha visitado un practicante laico de Xiamen y, al verme, me ha implorado: «¡Querido Lama, debe darme su bendición, pues mi liberación depende de usted, mi venerado maestro!».

Suelo escuchar súplicas de este estilo; sin embargo, más allá de mi capacidad exigua como ser corriente, aunque se presentara un maestro consumado o un Buda, no podrían lanzar a alguien a la Tierra Pura como si catapultaran una roca al cielo. Si fuera posible, el Buda, con su compasión infinita, nos hubiera liberado a todos en el mundo Saha, y los sufrimientos del samsara hubieran desaparecido. Pero ¿por qué seguimos aquí?

Sin esfuerzo de nuestra parte, no hay esperanzas de liberación. El *Sutra Vinaya* (*Sutra de la disciplina*) dice: «Ya os he mostrado el camino a la liberación, pero alcanzarla depende de vosotros, así que, esforzaos». Nosotros mismos tenemos la llave de nuestros futuros, pero debido al peso negativo del karma no hemos sido salvados por la gran cantidad de budas que han existido. Ahora que hemos conocido a nuestros valiosos gurúes y hemos recibido el método supremo de la liberación, debemos seguir las instrucciones con determinación firme.

Al igual que un cuenco de agua bocabajo no refleja la luna, la práctica sin esfuerzo y devoción no resuena en el Dharma ni desencadena las bendiciones de las Tres Joyas. Como dice el *Sutra Avatamsaka*:

La luna brilla en lo alto del cielo,
aunque no se refleja en recipientes inapropiados.
Del mismo modo, la luz de la gran compasión de Buda
no alcanzará a quienes carecen de conexiones kármicas.

Incluso Buda puede parecer impotente sin la convergencia de las condiciones necesarias, pero podemos crear las más propicias mediante la práctica asidua.

12 de julio

Enseñanza útil

Después del almuerzo, cerré la cerca e hice una ofrenda de incienso y lámparas de mantequilla en el altar. Cuando todo estuvo en orden, comencé mi actividad preferida: leer. El cielo no estaba nublado ni soleado, un espejo de mi humor del día, y la tranquilidad del entorno era acentuada por el canto de las aves por la ventana, el zumbido de las abejas en las flores y el tictac del reloj sobre la mesa. Mientras pasaba las páginas del *Sutra de ofrenda de Samadhi*, un pasaje llamó mi atención: «Debo ver a cada ser como al Maestro Supremo. ¿Por qué? Porque no sé cuál ha domado la mente y cuál no». Lo cierto es que, como seres humanos, no podemos distinguir a un gran *siddha* de una persona corriente. Ya que los budas y *bodhisattvas* suelen manifestarse de formas diversas para ayudar a los seres sintientes, es mejor que consideremos a todos como budas y los tratemos con respeto antes de tener la sabiduría de discernirlo.

El *Sutra de los grandes tesoros acumulados* dice:

> *Kashyapa, solo tú y otros seres del mismo calibre podemos ver a través de los fenómenos y de los seres sintientes. Las personas corrientes no pueden hacerlo, y actuar de acuerdo a suposiciones falsas las llevará a la perdición.*

Además, todos los seres sintientes tienen naturaleza de buda, pero parecen diferentes debido a varias capas de confusión. De todas formas, al dispersar las nubes de la confusión, la luna de la sabiduría tarde o temprano aparecerá a la vista. Por lo tanto, debo mostrar reverencia a todos los futuros budas.

Este pasaje breve me ha beneficiado mucho; ¿podré actuar siguiéndolo a partir de ahora? Por lo menos, hoy he comenzado mi aspiración a lograrlo.

Una llamada a la puerta rompió el silencio en que me encontraba. Es hora de que salga a ocuparme de mis actividades.

13 de julio

Mi cumpleaños

En el día de hoy de hace cuarenta años, llegué a este mundo en una yurta con vistas a la pradera. Cuatro décadas han pasado, cual ráfaga de viento o rayo, y mis días de bebé a la espera de alimento, como niño inocente o como joven vigoroso, se han desvanecido como un sueño. Pero mi mente lleva grabada la bondad de mis padres al concebirme y criarme, así como la deuda con mi gurú, quien con su tutela amorosa, ha levantado los cimientos de mi fe inquebrantable en las Tres Joyas.

Me alegra que muchos amigos del Dharma a lo largo del país liberen animales a gran escala para celebrar mi cumpleaños. También se han donado miles de yuanes en Mongolia, en Pekín y en otras ciudades para salvar a varias criaturas. Gracias a estos esfuerzos, muchas vidas se salvarán de las fauces de la muerte; aunque muchos piensen lo contrario, merece la pena.

Los humanos desorientados y con poder excesivo matan especies más débiles sin piedad y las arrojan a un abismo de miseria para saciar su apetito y sus paladares. Pero todas las criaturas vivas, en el aire, la tierra y el agua, sin excepción, tienen sentimientos y sensaciones, como tú y como yo, y también deseos de vivir, aunque no puedan expresarlo. Los humanos que asesinan a otros seres sin pensar se comportan como bestias; ¿cuál es la diferencia? Ahora que hemos alcanzado esta valiosa existencia humana gracias a nuestras virtudes pasadas, aunque no podamos abstenernos de comer carne, al menos, debemos realizar la buena acción de salvar vidas.

En el futuro, si mis escritos o traducciones despiertan la fe en alguien y desea expresar gratitud, la mejor manera de complacer a mi alma difunta es liberar animales condenados y cautivos.

14 de julio

Una anciana

De camino a que me aplicaran una inyección en el hospital de asistencia a los pobres, frente a una tienda, vi a una anciana vestida con harapos que observaba a los transeúntes con mirada suplicante mientras sujetaba unos billetes de dos yuanes en la mano. Su rostro, abatido por los elementos y cubierto de polvo, era pálido y ceniciento; sus ojos, espejos de su estómago vacío, miraban hambrientos de un lado al otro.

El día era soleado y agradable, y las personas, ocupadas con sus listas de la compra o responsabilidades, ignoraban la existencia de la anciana y le pisoteaban la falda ya sucia sin ni siquiera notarlo. Nadie le dirigía la mirada.

Al salir del hospital una hora más tarde, pasé por el mismo sitio y atestigüé la misma situación dramática. Tomé el único billete de diez yuanes que poseía y lo coloqué en la mano de la mujer, cuyos ojos comenzaron a llenarse de lágrimas. Sin embargo, no pude soportar sostenerle la mirada, por lo que continué mi camino de prisa, dejando atrás a la anciana, que murmuraba algo con las manos unidas.

Al ver a la multitud insensible que pasaba a su alrededor, deseé haber podido decirles algunas palabras: «¡Sed amables con esta anciana! ¿No sabéis que también seréis viejos, enfermos y miserables? ¿Por qué no intentamos ponernos en sus zapatos ahora?».

Cuando llegué a casa, mi dolor de espalda había empeorado y pensé en la anciana. ¿Cómo estará ahora? ¿Cómo se las apañará para comer mañana? ¡Qué lástima!

15 de julio

Mantenerse saludable

«¡Cuida bien de tu salud!». En estos días, las personas siempre me saludan de esta forma, como si mi salud se hubiera convertido en lo más importante del mundo. Siempre recuerdo que «un cuerpo sano abre el camino a grandes logros» y me encargo de mis cuidados diarios para evitar que una salud débil afecte mi entrenamiento espiritual.

Hoy he leído un informe de la Organización Mundial de la Salud que define la salud como el «estado de bienestar físico, mental y social, no solo la ausencia de enfermedad o de estabilidad». Leerlo me ha aliviado de inmediato. Según parece, puedo considerarme relativamente saludable en comparación con muchas otras personas. Al menos, no he sufrido falta de coordinación, desequilibrio mental, disfunción o agitación. El cuerpo afecta a la mente, pero los factores mentales también tienen efectos considerables en el cuerpo. En mi caso, he tenido afecciones físicas frecuentes (en los huesos, los músculos, la sangre y los órganos intestinales), pero estas dolencias físicas no son nada comparadas con los pesares mentales que muchos padecen.

Solemos darle un valor excesivo al cuerpo físico y luchamos a uñas y dientes en el mundo terrenal para lograr su comodidad y bienestar, calculando hasta el último detalle para tener ganancias, con lo que nuestras mentes se vuelven inquietas y nuestras emociones, confusas. Apegarse en exceso al cuerpo lleva a las personas a buscar dinero y fama en lugar de estudiar, contemplar y meditar en el Dharma, y es un gran obstáculo en el camino. Pero la carne y los huesos no nos pertenecen en realidad, y todos los fenómenos de este mundo son ilusorios. Solo seremos saludables de verdad dejando ir el apego al cuerpo y protegiendo nuestras mentes de emociones corrosivas.

16 de julio

Tía

Una de mis tías, que fue muy buena conmigo cuando era niño, se encuentra enferma. Cuando lo supe, me apresuré a visitarla, pero vive en un lugar en muy malas condiciones, con poco más que una manta sucia sobre la cama y una tetera ennegrecida.

Recuerdo que su familia era acomodada cuando yo era niño y su casa no estaba lejos de mi escuela, así que solía escaparme allí entre clases. Allá encontraba la mejor comida, como *tsampa* y mantequilla, para llenar mi estómago siempre hambriento, y ella tenía la generosidad de ofrecerme lo mejor sin escatimar.

Ahora, a sus noventa y un años, está al cuidado de su hijo que ronda los cincuenta y, a pesar de que su casa está en ruinas, se mantiene alegre. Durante mi visita, relató algunas historias divertidas que ha escuchado aquí y allá, y no podíamos parar de reír. Finalmente, dijo: «Debí de haber cometido actos malignos en mis vidas pasadas para sufrir esta enfermedad ahora. Lo único que puedo hacer es rezar con fe a las Tres Joyas para que iluminen mis retribuciones kármicas».

Su comentario me ha hecho entender su ánimo alegre: su fe en los efectos de las acciones positivas y negativas es tan fuerte que, aun abatida por una enfermedad grave, no le guarda rencor al destino o a otros. En cambio, les reza a las Tres Joyas sinceramente y realiza la práctica de purificación con sencillez. No es de sorprender que se mantenga serena. De hecho, quien tenga fe en el principio de causa y efecto siempre verá el sol en el horizonte, aun en las circunstancias más difíciles.

17 de julio

Mi *alma mater*

La furia de la tormenta que perduró la noche entera, por fin, se calmó, y el sol asomó sonriente detrás de las nubes. Los campos verdes se ven hoy con un encanto especial a través del aire limpio y transparente, los arroyos corren con suavidad nutriendo la pradera de Zong Ta, rodeada por montañas floridas y bosques espesos, mientras que unos cisnes dorados atraviesan gráciles el cielo. Las abejas y mariposas bailan alegres entre las flores blancas y las ranas saltan juguetonas entre la hierba alta.

He venido de visita al lugar donde solía estar mi *alma mater*, el Instituto Zong Ta. Los salones viejos y destruidos han sido reemplazados por una escuela primaria, y el dormitorio en el que solía dormir ahora es un chalé nuevo. Los días encantadores del instituto se reproducen en mi mente como escenas de una película, días en los que derramábamos vigor, como si tuviéramos una energía inagotable. Ahora, sin más juventud, solo me queda un costal de huesos y carne pálida, y muchos de mis maestros ya han partido. Los retoños que plantamos alrededor de la escuela ahora son árboles imponentes, cubiertos de hojas exultantes, pero muchos de los compañeros que ayudaron a plantarlos ya no están presentes.

Al contemplar mi antiguo instituto desde la colina, me invaden las emociones; las personas cambian, igual que las cosas, pero de forma más drástica. La impermanencia, como un árbitro de rostro implacable, consume el pasado y no nos permite apegarnos a lo que poseemos ahora. Nos obliga a ver la naturaleza fugaz del paisaje de ensueño y del cuerpo perecedero.

Pero también hay razones para estar alegre. Mi compañero Lhapu se ha ordenado como budista y ahora es monje en un monasterio en una montaña, donde enseña el Dharma a entre cuarenta y cincuenta monjes cada día. Pensar en él es ver un faro eterno en los escombros de la impermanencia.

18 de julio

Monasterio Dhomang

Los monjes del monasterio Dhomang me han invitado a visitarlos, así que hoy he ido a dar una charla allí, y, ante el riesgo de no decir nada nuevo, compartí mis preocupaciones con los *sanghas*. El monasterio siempre ha sido el hogar de maestros eminentes que han enarbolado preceptos puros, como Khenpo Depa, quien hoy tiene una edad muy avanzada. Aunque el monasterio es próspero y ha entrenado a muchos *khenpos*, existe una brecha entre las generaciones nuevas y viejas, y la necesidad de líderes jóvenes y capaces que puedan tomar el mando del lugar es urgente.

Como miembros de una orden monástica, cargamos con la misión de asegurar su supervivencia y su transmisión. Debemos tener aspiraciones y la mente abierta y seguir nuestro curso con firmeza sin dejarnos desviar. No buscamos las comodidades de esta vida, sino que debemos medirnos en sabiduría y compasión, no en mansiones y prendas de vestir. Un maestro de Gelung dijo una vez: «Si no renunciamos a lo mundano, todo el estudio, la contemplación y la meditación no son más que pizcas de lo real y resultan insignificantes».

Les he obsequiado una copia de *Jewel Garland from a Mountain Hermitage* ('Guirnalda de joyas de un retiro en la montaña'), de Tulku Zagar. Espero de verdad que sigan los pasos de nuestro predecesor y encuentren paz y alegría interior con aprendizaje y meditación. Aunque no he hablado con todos los *sanghas* en persona, siento afinidad con ellos, ya que todos somos monjes que hemos renunciado al mundo para buscar la liberación. Me alegra poder compartir mis experiencias en el camino espiritual.

Un practicante auténtico debe aceptar la soledad por su propia voluntad y liberarse de las interminables preocupaciones mundanas. ¿Cómo podríamos hablar de renuncia si no dejamos atrás los placeres sensuales? ¿Cómo podríamos liberar a otros si aún no nos hemos liberado a nosotros mismos? ¡No sigáis atrapados por el deseo, el odio y la ilusión! ¡Pensad tres veces! ¡Pensad tres veces!

19 de julio

Ceremonia de consagración

El monasterio Dhomang celebra hoy, que es el 11 de junio del calendario tibetano, una ceremonia de consagración por la finalización de la estupa del buda Shakyamuni. A su vez, tanto hoy como el trece de este mes son días de ofrenda anual a los protectores del Dharma. Para la ocasión, las personas de los nueve pueblos de la aldea mayor de Luokema montan sus caballos vestidos con trajes ceremoniales y se reúnen en la pradera de Zuo Dang. Cuando esto ocurre, la llanura queda ocupada por hasta dos kilómetros cuadrados de distintos tipos de tiendas.

Bajo el sol, el río Ke Luo ondea y refulge como una joya bajo los rayos del sol. El follaje frondoso de las montañas se asemeja a unas cortinas de brocado y, en el bosque, las aves cantan armoniosas melodías, tan bellas como música celestial. Hace cuarenta años, un entorno divino como este me atrajo cuando apenas podía esperar para salir del vientre de mi madre y llegar a este mundo. De pronto, un humo aromático de ramas de ciprés quemado sube hacia el cielo, y hombres con banderas de los protectores del Dharma (*lungtas*) realizan circunvalaciones mientras las lanzan al cielo, que se convierte en un océano de colores. En una tienda gigante, que alberga hasta mil personas, una multitud de hombres renuevan su promesa de no beber ni matar; muchos hicieron la misma promesa el año pasado con resultados impresionantes. Durante el último año, no ha habido casos de muertes indiscriminadas de inocentes, y las personas han llegado a ver la bebida y el asesinato como algo vergonzoso, lo que ha reducido el mal karma en un sitio que en el pasado fue infame por la producción de carne de yak.

Ahora que se ha reducido la atmósfera sangrienta, el aire parece más refrescante y prístino. El río, libre de la sangre de ovejas y yaks, es más limpio y fresco. Y el hermoso prado se siente más pacífico sin los lamentos distantes de los animales. Si buscara un lugar donde volver a nacer, sin duda elegiría este, pues estoy enamorado de esta tierra llena de personas bendecidas con corazones amables y gentiles.

20 de julio

Un dilema

Incluso las personas más educadas y sabias enfrentarán dilemas, ¡más aún alguien de sabiduría superficial como yo! Hoy un incidente me ha llevado a una disyuntiva.

Hace unos días, un practicante laico que viajaba desde el noreste del país me ha visitado. «Lama, he estado leyendo su traducción de la *The Great Biography of Shakyamuni Buddha: the White Lotus,* y las historias sobre las aspiraciones y prácticas en su camino *bodhisattva* me han impactado. Anhelo seguir su ejemplo y renunciar a todos los asuntos mundanos para practicar la iluminación. Aquí, veo a miles de miembros del *sangha* de Larung que viven vidas plenas y libres. ¡Cuánto deseo unirme a ellos! Si continúo en el camino mundano, naufragaré y desperdiciaré mi vida. ¡Concédeme mis deseos, venerable Lama!».

Su sinceridad me ha conmovido y le he dado mi bendición para convertirse en monje. Luego, recibí una sorprendente llamada de su esposa, quien me suplicó:

> *¡Venerable Khenpo! Soy una budista devota y desearía una vida monástica libre de las dificultades mundanas. Pero tenemos un hijo de apenas siete meses en casa, una madre en el hospital y yo no tengo trabajo. Si mi esposo se marcha, ¿cómo espera que sobrevivamos su esposa y su hijo? ¿Es correcto que un practicante de mahayana abandone a su madre enferma, a su hijo bebé y a su esposa indefensa? ¿Puede ignorar su bienestar y esconderse en las montañas para despertar la* bodhichitta?

Escuchar su versión de la historia me ha desconcertado y la situación me ha recordado un poema de su santidad el sexto Dalai Lama Tsangyang Gyatso:

Me preocupaba que ser romántico arruinara mi conducta pura,
aun así, en las montañas, me he sentido inquieto por perder
a mi hermosa dama.
¿Por qué no puedo tener lo mejor de los dos mundos
y complacer al Tathagata y a mi amada?

¿Cómo encontraré la solución perfecta que haga a todos felices, que le dé apoyo a la esposa sola y desesperada y que, a su vez, satisfaga el deseo del esposo de convertirse en monje?

21 de julio

Ridículo

Las personas mundanas suelen sospechar y tomarse a broma la decisión de los practicantes de dejar su hogar para seguir el camino espiritual, pero debemos considerar las burlas y la humillación como puntos de apoyo. Todos los obstáculos no son más que presagios de éxito.

Cuando el gurú tibetano Geshe Yulungpa estaba a punto de partir a su retiro, uno de sus discípulos tiró de su túnica e insistió para que le diera una lección esencial. El geshe respondió:

> *Joven, aunque has sido monje desde una edad temprana, aún es esencial que veas más allá de las vanidades del mundo. Siempre sé humilde y conténtate con tener suficiente comida y ropa para mantenerte abrigado. Bebe las lecciones del maestro como agua en el desierto. No abandones el camino, aunque otros te insulten. Despeja de tu mente todas las trivialidades y dedícate a practicar con persistencia. De este modo, alcanzarás el éxito.*

Geshe Potowa también dice: «Cuando otros comiencen a sentir pena por ti, debes sentirte feliz». En otras palabras, cuando hayas aprendido a tragarte el orgullo y dejar la vanidad, te alegrarás si alguien se apiada de ti. En cuanto experimentes la dicha de la práctica en persona, todos los asuntos externos dejarán de afectarte.

Cuando Jetsun Mila realizaba sus prácticas ascéticas en una cueva, muchas mujeres jóvenes se acercaban y no podían evitar hacer comentarios apenados y despectivos. Milarepa les dedicó una canción:

Niñas desafortunadas, solo tenéis fe en la vida cotidiana.
Vuestra autoestima y percepciones erróneas queman como el fuego.
Siento pena por seres tan inmaduros.
Vosotras, bellas jovencitas, y yo,
Milarepa de Gungthang,
nos consideramos penosos unos a otros:
vosotras sentís pena por mí, yo siento pena por vosotras.
Comparemos y veamos quién ganará.
A los ignorantes que se dan a charlas vacías,
Milarepa les responde enseñando el Dharma.
Convierte roca sólida en jade precioso,
agua limpia en buen vino.

Entonces, las personas son más dignas de lástima cuando no tienen la visión correcta y son ignorantes. ¿Cómo es posible que las provocaciones tontas de otros afecten nuestra convicción en la práctica del Dharma? En vez de eso, nos inspira, cuanto menos, gran compasión por ellos.

22 de julio

Cultivar el desapego

Sobrevivir es un deseo universal de todos los seres humanos que viven bajo el mismo cielo. Sin embargo, el propósito en la vida varía mucho de una persona a otra. Para alguien de moral elevada, vivir es beneficiar a muchos otros. Para las personas corrientes, es cuidar de sí mismas y de su círculo de amigos y familiares. Alguien de mente cerrada solo trabajará día y noche por lo que atesora: sus propios intereses.

En general, renunciar a la mente egoísta es casi imposible, sin importar que uno sea la persona más cultivada, lista o que haya estudiado más las palabras de muchos sabios. Desde tiempos remotos, hemos vivido por nuestro propio bienestar, un patrón antiguo que solo es posible abandonar con esfuerzos tenaces de nuestra parte. Es decir, que debemos comenzar a trabajar poco a poco y persistir con decisión, como horadan la roca las gotas de agua.

El libro *Viviendo con los maestros del Himalaya* contiene la historia del pequeño lama Tsondru, que practicaba con su maestro. Comían solo una vez al día, en el almuerzo, así que el mediodía era su momento preferido.

—Hoy nos visitará un monje eminente; debes ofrecerle tu comida —le dijo el maestro un día.

—¡No puedo hacerlo! También tengo hambre. Aunque el visitante sea un monje, no debería privarme de mi derecho a comer. Y esta porción pequeña es todo lo que como durante el día.

—No morirás de hambre. ¡Ofrécele tu comida!

—Pero mi estómago ruge.

—¡Debes hacerlo!

Finalmente, el almuerzo ansiado por el monje joven fue disfrutado por alguien más, pero, desde ese día, aprendió a ser desapegado y hacer ofrendas se volvió fácil para él, aunque tuviera que entregar sus posesiones más preciadas. Logró ver la sabiduría de su maestro al instarlo a entregar su comida: al despojarse de las posesiones a las que se aferraba, pudo entrar al vasto terreno del desapego.

En una ocasión, el buda Shakyamuni conoció a un mendigo que solo repetía: «Lo quiero, lo quiero». Primero, el Buda hizo que dijera: «No lo quiero», luego lo recompensó con comida; de ese modo, plantó la semilla de la generosidad en la mente del mendigo. Debemos seguir tales palabras para abandonar el hábito anquilosado del egoísmo: «No evitéis realizar ninguna buena obra, sin importar cuán insignificante parezca», ya sea ofrecer un centavo, un tazón de arroz o un metro de tela.

23 de julio

Buscar refugio

Muchas personas se han refugiado en las Tres Joyas, pero sus motivaciones son muy diferentes. Atravesar las puertas del budismo es como entrar a un supermercado lleno de toda clase de productos para satisfacer los gustos y necesidades de todos. Algunos se refugian en la idea de obtener la felicidad de dioses y hombres; otros se motivan por el miedo a los reinos inferiores. Algunas personas lo hacen para liberarse del sufrimiento samsárico, mientras que otras lo hacen para liberar a todos los seres sintientes. Las tres primeras motivaciones son propias de seres de baja capacidad, solo la última es una motivación suprema de seres elevados. Buscar refugio en las Tres Joyas por deseos egoístas es como intercambiar una joya que cumple deseos por un dulce, algo verdaderamente corto de miras. Cuando un granjero siembra arroz, espera cosechar los granos, que también estarán disponibles para él. Del mismo modo, si una persona trabaja con todo su corazón por otros seres sintientes sin motivos egoístas, su propia liberación llegará naturalmente aun sin pedirla.

El omnisciente Longchenpa nos ha dejado un *sadhana* conciso de refugio: primero debemos hacer ofrendas y confesiones frente a las representaciones de las Tres Joyas. Luego, visualizar al Buda, el Dharma, los *sangha*s y a otras deidades en el cielo frente a nosotros y hacerles ofrendas como nubes, externas, internas y secretas, y decir: «Desde ahora y hasta alcanzar la esencia de la iluminación, yo [tu nombre], me refugio en el Buda por el bien de todos los seres sintientes. Me refugio en el Dharma. Me refugio en el *sangha*». Diciendo esto tres veces con el corazón y con ayuda de símbolos (el chasquido de dedos del maestro o la propia imaginación), se realiza el voto de refugio.

Es un ritual simple y significativo. Es posible que algunos maestros del Dharma hayan guiado a otros a encontrar refugio sin seguir un *sadhana*, pero considera usar este texto para el ritual. En algunas ocasiones yo no empleo el *sadhana*, pero en el futuro adoptaré este texto.

24 de julio

Sentirse solo

Después del almuerzo, fui a cerrar la puerta como siempre, y el lama de la habitación contigua preguntó intrigado: «Te encierras en tu habitación todas las tardes; ¿no te sientes solo?», a lo que le respondí: «En absoluto. ¡Lo encuentro muy placentero!».

Esa es la verdad. A diario, me comunico íntimamente con muchos sabios y grandes maestros a través de los libros, y a través de la meditación me relaciono con amigos de sabiduría innata. Esto es mucho mejor que pasar el tiempo conversando o contemplando el paisaje sin ningún propósito. Además, si no tuviera cuidado con quién sigo o a quién evito, podría relacionarme con canallas que incitan la envidia, el odio y el engaño. ¿No sería muy tonto si cometiera actos malignos por causa de malas elecciones? Pensad en este adagio:

Al relacionarte con un hombre de carácter noble, con el tiempo recibirás una influencia positiva sin saberlo.
Relacionarte con un hombre de carácter mezquino es como caminar sobre fino hielo. ¿Cómo puedes evitar caer en la desdicha?

No podemos evitar la influencia positiva de relacionarnos con personas de mente noble; por otra parte, la compañía de alguien mezquino es como caminar sobre una fina capa de hielo: terminaremos cayendo en peligrosas aguas heladas y acabaremos humillados. Los grandes sabios en este mundo son escasos y son nuestras joyas, nuestros mejores consejeros. ¿Cómo podrías dejar pasar la oportunidad de aprender de ellos? Aunque una persona de carácter noble con tan perfecta sabiduría viviera hoy en día, ¿tendríamos el valor de molestarla a diario y robarle su valioso tiempo? Al pasar tantos momentos a solas, he aprendido a valorar profundamente la belleza de la soledad. El momento más feliz de mi día es cuando puedo conversar de corazón con los grandes sabios del pasado tras las puertas y cortinas cerradas. Y, lejos de casa, converso con amigos de consciencia.

¿Serviría de algo si no pudiera estar solo y, en cambio, buscara compañía o viajara por el mundo? Un practicante me dijo una vez: si tu corazón se siente solo, la sensación no desaparecerá, aunque te encuentres rodeado por una multitud. Si tu corazón no se siente así, estarás feliz aunque vivas solo en una cueva. La soledad está en el corazón.

El *Tesoro de instrucciones esenciales* tiene muchas enseñanzas profundas sobre este tema. Nuestra soledad es autoinflingida y no cambia modificando factores externos. Después de comprender esto, ¿aún piensas en vagar por el mundo para poner fin a tu soledad?

25 de julio

Niño pastor

La estación fría en la que podemos ver la condensación del aliento ha llegado en silencio. Por las mañanas, la hierba está cubierta de escarcha, y los campos comienzan a tener zonas oscuras y resecas. Cuando estaba a punto de salir de casa, me encontré con un pastor de unos quince o dieciséis años con ropas raídas, que caminaba descalzo y llevaba un japa mala en la mano. Era un joven muy similar a mí hace veinte años.

A pesar de que el calendario indica que estamos en el siglo veinte, el tiempo en las montañas parece haberse detenido en una época en la que un niño pastor aún no poseía ni zapatos. Recuerdo el dolor de caminar descalzo sobre la hierba congelada en otoño. ¡Cómo deseaba tener unos! Recuerdo cuando mi padre, por fin, consiguió unos zapatos de goma para mí, pero tal vez debido a mi falta de práctica, eran demasiado pequeños y torturaban mis pies. Sin embargo, por temor a perder el calzado que tanto había anhelado, soportaba el dolor agónico y solo me atrevía a quitármelos para aliviarme cuando nadie me veía.

En esos tiempos, éramos muy pobres en bienes materiales, pero ricos en lo más valioso en el plano espiritual: la bondad amorosa. Al ver el sufrimiento de otras criaturas (hormigas a punto de ahogarse, gusanos expuestos al sol abrasador, peces en un estanque reseco) sentíamos el mismo dolor e intentábamos rescatarlas del peligro.

¿No es una bendición tener una infancia así? Puede que muchos niños tengan una infancia protegida, con padres vestidos con ropa de diseño, mansiones, coches de lujo y banquetes de marisco, pero su compasión y bondad amorosa se pierden por lo que aprenden de sus padres. En comparación con ellos, ¿no he sido mil veces más afortunado?

Al ver al niño pastor con un japa mala en la mano, no dudo que él, al igual que mis amigos de la infancia, debe de tener un corazón lleno de bondad. Lo he invitado a casa para ofrecerle dulces y frutas y, aunque no contaba con un par de zapatos que le quedara bien, sus ojos revelaban que así estaba feliz. Se despidió con alegría y corrió detrás de su yak, que ya se encontraba a cierta distancia.

26 de julio

Poder mágico

Un amigo del Dharma me ha confiado sus experiencias recientes:

> *Hace tiempo, me aquejaban toda clase de problemas y, por causa de algunos oscurecimientos y de mi falta de preparación, he reaccionado con mi propio apego. Veía que estaba cayendo en un pozo que yo mismo había cavado, pero no encontraba la forma de salir. Mis emociones estaban tan descontroladas que he llegado a pensar en el suicidio. Como budista, sabía muy bien que no debía elegir un camino que equivaliera a un abismo. Cuando Milarepa iba a quitarse la vida, el lama Ngokpa le detuvo y le dijo: «Las facultades y los sentidos de cada uno de nosotros son divinos de forma innata. Si mueres antes de que llegue tu tiempo, aunque sea por transferencia de consciencia, cometes el pecado de matar a un buda». Además, nuestra mente es pura en esencia, solo las emociones confundidas movidas por las circunstancias nos hacen sufrir. ¿Cómo podría tomar la apariencia ilusoria como algo real y verdadero? He intentado consolarme una y otra vez, pero como el karma maligno no deja de avanzar, he sido abatido por un dolor aplastante que nunca podré olvidar.*
>
> *Aunque aún no soy libre del sufrimiento, al menos, puedo elegir qué hacer y qué evitar, lo que minimiza las causas de un futuro padecimiento. En mis esfuerzos por reconocer la naturaleza del sufrimiento, puedo decir que la liberación no está lejos;*

el mío no es nada comparado con el de muchos otros, que padecen miserias interminables. Frente a las Tres Joyas, he suplicado con fervor repetidas veces por la liberación de todos los seres sintientes. Ahora, si no soy capaz de liberarme de los confines estrechos del «Yo», todos mis votos no serán más que el guion de un actor, pálido y sin vida.

Sé que el único modo de eliminar el egoísmo es rezarle al gurú y a las Tres Joyas, purificar las desviaciones y generar la bodhichitta. *Después de un tiempo de trabajo duro, por fin, he encontrado el camino para salir del callejón oscuro y, si reaparecieran los obstáculos, podría manejarlos con más habilidad.*

Con el uso de las enseñanzas de Buda me he vuelto más resiliente. Siendo alguien que ha llevado una vida cómoda, este episodio ha sido una lección de vida sobre los sufrimientos del samsara y experimentarlos ha dado vida en mí a la renuncia. De no haber estado ahogado por mis aflicciones en primer lugar, no hubiera llegado a esta revelación. Agradezco a las bendiciones de las Tres Joyas que me han rescatado de las dificultades y del dolor. He descubierto el valor inmenso de la existencia humana: llegar a la iluminación por el bien de todos los seres. ¡Este es el fin único por el que lucharé una vida tras otra!

Después de escuchar esta historia, me he sentido muy agradecido de que haya superado las dificultades con diligencia y la mente atenta. Cuando llegamos a nuestro límite, en el lodo de los asuntos mundanos, es hora de aplicar las enseñanzas del Buda como un antídoto. Ese es el poder mágico del Dharma.

27 de julio

Elevarse

Las personas que han alcanzado cierta seguridad acerca de la visión budista, con un análisis cuidadoso llegarán a percibir que todas las experiencias (ya sea con la mente pensando o en calma, hablando o manteniendo el voto de silencio, caminando o de pie, sentado o durmiendo, o que se sienta feliz, triste, amargado o celoso) son ilusorias e insustanciales. Y, con el tiempo, comprenderán que todos los eventos, internos y externos, son inseparables de la sabiduría del Dharmadhatu.

Quienes han reconocido el verdadero rostro de la mente experimentan la disolución de la avaricia, el odio y otras desviaciones para dar paso a la consciencia, como el agua que se disuelve en agua. Libres de los vaivenes de sus emociones, disfrutan de la alegría de la libertad, como un prisionero sin grilletes.

Por desgracia, los seres mundanos ignoran esta verdad, ajustan las cuerdas de la avaricia y la enemistad y, como resultado, padecen enormes sufrimientos. Longchenpa propone un antídoto:

> *De tanto en tanto, piensa en tus acciones físicas y en las de los demás; sentirás que no existen de verdad, las verás como los movimientos de un bailarín en una representación.*
>
> *De tanto en tanto, piensa en los sonidos que pronunciamos al hablar; te resultarán inefables, la unión de sonidos y vacío, y los percibirás como percibirías un eco.*
>
> *De tanto en tanto, piensa en lo que aparece en tu mente, sea placentero o doloroso; lo verás como una muestra de consciencia y experimentarás las cosas como son.*

De tanto en tanto, piensa en la esencia del pensamiento, de lo que se mueve y es recordado en la mente; experimentarás la disolución natural de la consciencia humana y percibirás el Dharmakaya en toda su inmediatez.

De tanto en tanto, piensa en el estado inquebrantable de la mente en sí misma; experimentarás una determinación iluminada, en la que todo se resuelve, y percibirás que no existe proliferación ni disminución del pensamiento.

De tanto en tanto, piensa en el estado imperturbable del descanso, libre de dificultades conscientes; verás que no es necesario hacer nada, y tu ser será inundado por una sensación de paz.[**]

Las enseñanzas de los grandes maestros *nyingma* son como los rayos del sol, que disipan la niebla de la ignorancia e iluminan el camino a la liberación. Con la práctica apropiada, reconoceremos la verdad del sufrimiento y llegaremos a nuestro brillo interior. Pronto estaremos en compañía de iluminados, los vidyadharas, y nuestras alas inmaduras de sabiduría y compasión se harán fuertes y se abrirán en toda su extensión. Luego, volaremos libres en el despejado cielo del Dharmakaya, como una garuda de alas doradas, hasta la Tierra Pura del buda Samantabhadra.

Estas joyas que conceden deseos se encuentran siempre a nuestro lado. ¿Las hemos visto y hemos hecho buen uso de ellas?

28 de julio

** Longchen Rapjam, 2006. *The Precious Treasury of Pith Instructions*, [trad. Richard Barron]. Padma Publishing, pp. 148-49.

Una monja anciana

Mirando hacia fuera por la ventana de la recepción, vi a una monja tibetana realizando postraciones al final de una larga fila. Su túnica estaba mugrienta, tenía un manojo de cuerdas *vajra* sucias con insignias alrededor del cuello, un japa mala amarrado con muchos nudos pequeños en la mano izquierda, que se veía llena de callosidades, y el cabello gris cubierto con una capa gruesa de polvo. Su rostro tenía bultos e incontables arrugas y, cuando murmuraba sus plegarias, de su boca asomaba un resto de *tsampa* de esa mañana o el día anterior. Por los agujeros de sus calcetines asomaban unas uñas largas y oscuras, y había un par de zapatos negros a su lado. Las únicas partes animadas de su cuerpo eran la punta de la lengua y sus ojos, inyectados en sangre.

Cuando me vio sonreírle, me correspondió con una sonrisa de dientes oscurecidos y se acercó cojeando para decirme, con voz ronca y arrastrando las palabras, que era de la provincia de Qinghai y que su esposo había fallecido hacía mucho tiempo, mientras que sus cuatro hijos, a los que había criado con muchas dificultades, la ignoraban sin compasión. Al no tener a quién recurrir, había llegado a Larung hacía tres años, donde vive en esta gran familia armónica sin temor a ser ridiculizada o abandonada y es feliz con las bendiciones de los gurúes.

«Sus hijos la han maltratado; ¿los odia?», le pregunté. A lo que me respondió con tranquilidad: «Este es el pago por mis malas obras pasadas y no tengo de qué culparlos. No puedo más que rezarles a los budas, *bodhisattvas* y maestros, y purificar mi propio karma. Hay muchos seres realizados en Larung. Aunque muriera hoy, no tendría miedo, pues sin duda renaceré en la Tierra Pura de gran dicha gracias al poder de todas las bendiciones que me han sido concedidas».

Su fe inquebrantable me ha conmovido. ¡Qué tesoro tan preciado se oculta bajo su aspecto gris! Ha decidido enfrentar la vida con una sonrisa y sus palabras sobre la fe inquebrantable en el linaje de los maestros y en las Tres Joyas ha superado por mucho las opiniones y debates de los más jóvenes y agresivos. Más aún, eclipsa a la nobleza bien vestida.

En ese momento, alguien me ofreció un plato de bollos que aún humeaban, y se los di a ella de inmediato. Los recibió con alegría y se apresuró a darme las gracias: «*¡Khatro! ¡Khatro!*». Luego se retiró recitando el mantra Avalokiteshvara y se unió a la rueda de plegarias. Mientras observaba su figura alejándose, recé de corazón para que ella y todas las personas mayores vivan sus últimos años con alegría.

29 de julio

Sin arrepentimientos

El nombre del lama Gracho es muy reconocido en la Academia Budista Larung, donde ha concedido «empoderamientos» y ha transmitido el tesoro (*terma*) revelado por Ridgzin Godkyi Demtruchen. Ha escrito la plegaria de la larga vida para nuestro gurú Jigme Phunstok Rimpoché que todos en Larung hemos recitado con fe.

Realizó su primera peregrinación al templo Jokhang de Lhasa en su juventud, donde, según sus compañeros de viaje, mientras hacía postraciones frente a la estatua de Jowo Shakyamuni, una luz brillante irradió desde el corazón del Buda hacia el suyo y se desmayó en el acto. Cuando volvió en sí, la realización de la sabiduría primordial dharmakaya emergió en él. Desde entonces, dedicó toda su vida al Dharma.

Durante la Revolución Cultural, su pierna quedó incapacitada, lo que lo salvó de la tortura del encarcelamiento. Llevó a cabo largos períodos de ayuno mientras practicaba en su carpa, en donde crecía la hierba fuera de temporada incluso durante las heladas invernales más duras. Cuando fue víctima de la persecución política pública, juró que se entrenaría a sí mismo en la contención por el bien de todos los seres. Tras ser golpeado y pateado por facciones rebeldes despiadadas, no sintió odio, sino que permaneció en un estado más allá de artificios y ardides. Al final de la persecución, dedicó su mérito a todos los seres, sobre todo a sus torturadores.

Una vez que las calamidades llegaron a su fin, su pierna coja se sanó milagrosamente. A pesar de que el mundo ha intentado atraerlo con sus tentaciones, ha permanecido firme y sin caer en las ocho preocupaciones mundanas. Se ha sumido en la meditación hasta llegar al nirvana a las seis y media de la tarde del 27 de febrero de 2000.

Dos días antes de entrar al nirvana, les dijo a sus discípulos:

> *Desde joven, me he involucrado en asuntos mundanos al igual que en el Dharma. En ocasiones, he perseguido la fama manteniendo posiciones altas o bajas. Ahora, mi final se acerca y, frente a la muerte, nada ayuda más que practicar el intercambio de uno mismo con los demás. Todos debéis rezarle al gurú Padmasambhava, soberano de este tiempo degenerado. Observad la ley de la causalidad como si cuidarais de vuestra propia vida. Enfocaos en la práctica para no tener arrepentimientos al morir. No tengo más que decir en esta última hora. ¡Os lo ruego, preparad unas espléndidas ofrendas!*

Dicho eso, le rezó sin descanso al gurú Padmasambhava hasta que murió.

Al inicio de la ceremonia de cremación, su cuerpo se veía mucho más joven y muchas personas atestiguaron su aparición como el Vajrasattva blanco, lo que despertó una enorme fe en todos.

Numerosos practicantes adeptos como él han dedicado sus vidas al Dharma. Frente a la adversidad, no se quejan ni se compadecen de sí mismos, sino que perseveran en la meditación. Al final, dejan este mundo desde la dicha de la sabiduría primordial.

En cuanto a nosotros, los autoproclamados practicantes, ¿también seremos libres de enemistad y arrepentimiento cuando miremos atrás en nuestro lecho de muerte?

30 de julio

Dicha del Dharma

Hoy todos en la Academia Larung estamos felices porque nuestro querido gurú, Jigme Phuntsok Rimpoché, retomará la enseñanza después de haberla interrumpido debido a su enfermedad. Esta ocasión celebra que ha recuperado la salud lo suficiente para bañarnos con el néctar del Dharma.

Rimpoché ha decidido enseñar el *Sutra del sabio y el necio.* Dice que ha transmitido las enseñanzas del Dharma durante décadas, desde su adolescencia, por lo que le resultaría muy sencillo enseñar los cinco tratados mayores o transmitir el *mantrayana* secreto, a pesar de sus problemas de visión, pero que, en estos tiempos degenerados y con esta sociedad materialista, muchas personas, incluso budistas, ignoran la ley infalible del karma y los sufrimientos del samsara, caen en malas obras y olvidan la nueva vida que los espera. Por lo tanto, siente que enseñar el *Sutra del sabio y el necio* es urgente e importante para advertir a sus discípulos de que renuncien al mal y acepten la causalidad. Las historias de este sutra no deben ser leídas como fábulas, sino que son las palabras adamantinas del Conquistador, cargadas de conocimiento, y su poder para aplacar emociones destructivas y conferir beneficios a todos es inconcebible.

Tengo el privilegio de servir como traductor de sus enseñanzas. Escuchar la voz de nuestro maestro nos transporta a través del tiempo y del espacio a los días buenos del pasado y nuestros ojos se llenan de lágrimas. He sentido un nudo en la garganta varias veces. Todos tenemos una inmensa sed del Dharma; ¿cómo podríamos no llorar de alegría después de haberlo recibido?

31 de julio

Fortaleza del León

La Fortaleza del León es el lugar donde nuestro gurú Jigme Phuntsok Rimpoché estudió y enseñó en su juventud los *Siete tesoros*. Siempre he querido visitarla, pero mi deseo no se había cumplido hasta hoy. Después del almuerzo, Tsultrim Lodro, Chime Ridgzin y yo hemos decidido peregrinar hacia la sagrada montaña Ala. Poco después de dejar el valle de Larung, nos encontramos con un embalse con tres estupas cercanas, y Tsultrim Lodro dijo: «Estoy cansado y me gustaría descansar en esta ladera. Vosotros continuad». Accedimos, y Chime Ridgzin y yo comenzamos a subir por la ladera en la que discurría un arroyo transparente. Los pinos del lado soleado y los cipreses del lado sombreado se saludaban unos a otros en la distancia, y el sol radiante brillaba sobre nosotros, por lo que mi espalda se cubrió de sudor enseguida.

Luego llegamos a un bosque espeso, donde los árboles altos y densos bloqueaban el sol y oscurecían la vista. Allí emitimos unos sonidos agudos para darnos valor y advertirles a los osos de nuestra presencia. Cuando, por fin, llegamos a nuestro destino, nos cautivaron al instante sus increíbles vistas. ¡El camino mereció la pena! Había rocas blancas y rojizas, algunas con forma de leones, otras de fortalezas y otras de pilas de escrituras. Quizás de allí le viene el nombre de «Fortaleza del León». La gran cantidad de flores del campo que había nos deslumbró, y las frutas silvestres nos abrieron el apetito.

Los restos de la choza en la que nuestro maestro solía morar aún eran visibles, incluso después de cuarenta años. Chime Ridgzin y yo realizamos tres postraciones hacia la choza antes de comenzar a recitar la *Aspiration of the Great Perfection* ('Aspiración a la Gran Perfección'). Después de terminar la recitación, le pregunté a Chime Ridgzin: «¿No es este sitio, con su arroyo transparente y su abundancia de frutas silvestres, un gran lugar de retiro? Deberíamos retirarnos aquí en nuestros últimos años». Él respondió: «¿Por qué esperar hasta entonces? No es imposible hacerlo ahora». Ambos suspiramos al recordar cómo Patrul Rimpoché y Longchenpa elogiaban los lugares apartados. ¡Cómo desearíamos poder olvidar nuestras preocupaciones mundanas y vivir aquí los años que nos quedan, lejos de la bulliciosa vida cotidiana!

Antes de que nos diéramos cuenta, el sol comenzó a ponerse, por lo que no tuvimos más opción que marcharnos, aunque no quisiéramos. De regreso, nos encontramos con Tsultrim Lodro, quien nos esperaba con ansiedad: «¡Os he esperado mucho tiempo!». Chime Ridgzin y yo intercambiamos unas sonrisas cómplices al pensar en el placer compartido. Existe un dicho que viene al caso: «Mientras se juega una partida de ajedrez en el cielo, pasan miles de años terrenales». Con las bendiciones de la montaña sagrada, nos hemos transportado a otra era y hemos perdido la noción del tiempo. ¡Tsultrim Lodro debería alegrarse de no haber tenido que esperar miles de años!

Quizás os preguntéis cómo llegar a esta tierra maravillosa, os lo diré: debéis ascender cerca de las tres estupas junto al embalse. Subid y llegaréis allí. Intentadlo, ¡disfrutaréis de una experiencia refrescante!

3 de agosto

Protectores del Dharma

Hoy es el Día del Protector en la Academia Budista Larung. Según la leyenda, el Primer Dudjom Rimpoché tuvo una disputa con la diosa Mutian, guardiana de la montaña del oeste, y la llevó a la zona de Luhuo. Ambas partes llegaron a un acuerdo gracias a la mediación de un gran maestro y cada año, el 26 de junio del calendario tibetano (día en que la diosa regresó a Larung), los discípulos del linaje de Dudjom Rimpoché realizan una ceremonia de ofrenda a los protectores. La diosa Mutian encabeza a los protectores y ya no tiene permitido causar problemas. Esta costumbre ha continuado sin interrupción durante veinte años.

A las ocho de la mañana, miles de miembros del *sangha* suben a la montaña Wutai de Larung con estandartes de colores, se sitúan en las zonas que corresponden a la residencia asignada de cada individuo. Unos años atrás, H. H. Jigme Phuntsok Rimpoché consagró la montaña Wutai cuando invocó la presencia de los budas y *bodhisattvas* de las cinco montañas sagradas del Tíbet y a los de la montaña Wutai en la China han. Luego esta recibió el título de «Montaña Wutai del Tíbet», que está dotada de bendiciones extraordinarias.

Como siempre me ha interesado realizar ofrendas a los protectores, hoy he emprendido el viaje a la región este de la cima de la montaña (mi residencia designada, la Tierra de la Joya Mani) con buen ánimo a pesar de mi persistente dolor de espalda. A las nueve de la noche, los miembros del *sangha* comenzaron sus recitaciones *sadhana* y ofrendas de ramas de ciprés encendidas desde cinco picos diferentes. Cinco corrientes de humo, como cinco *khatas*, ascendieron en volutas y se unieron en el cielo para formar una nube blanca en el firmamento. El espacio extenso, como el rostro de una bonita doncella, es más encantador con el ornamento de las nubes. Las túnicas rojas de los monjes son como corales de color carmesí flotando sobre los campos verdes, las banderas de plegarias danzan en el cielo como una lluvia de flores arrojadas por los dioses, y los picos nevados de las montañas circundantes brillan como piedras preciosas. Me sentí como si estuviera dentro de un gran mandala y realicé ofrendas de cuerpo, palabra y mente al unísono con los miembros del *sangha* a las deidades sagradas en diez direcciones. Esta práctica apaciguará todas las fuerzas hostiles y cumplirá todas las cualidades y actividades, tanto mundanas como espirituales.

La de hoy ha sido una ocasión singular para que los miembros del *sangha* se relajen y tomen un descanso. Por la tarde, se sentaron en grupos pequeños en la hierba y disfrutaron del calor del sol. Mientras la suave brisa los acariciaba, inhalaron la fragancia de las flores, escucharon los susurros de los gusanos y sus rostros se iluminaron con sonrisas. ¡Todos los protectores deben de estar encantados!

4 de agosto

Dejar el egocentrismo

Esta mañana, he pasado una hora recibiendo visitas de muchos sitios y ambientes. Hemos tocado muchos temas, pero, por desgracia, casi todos han girado en torno al «yo»: mis problemas, mi familia, mi entrenamiento espiritual, mi maestro, mi deseo de liberación y de realización… En síntesis, eso es todo lo que hay.

¿Por qué no podemos escapar del control del «yo»? Desde tiempos inmemoriales, hemos pagado caro por la individualidad del «yo» que, como un lazo invisible, nos hace vivir en confinamiento e intoxicación, nos hace sentirnos siempre inquietos, constantemente preocupados por pérdidas y ganancias.

En *Entrando en el Camino Medio* se dice:

Al obsesionarse con el supuesto yo como un ser existente,
«mío» da paso al apego.
Seres impotentes, movidos como una rueda de riego…

Movidos por hábitos causados por la ignorancia, los seres sintientes, erróneamente, consideran que el componente «yo» de los cuatro elementos existe de verdad, lo que alimenta el apego al «yo» y a lo «mío». El apego lleva a aflicciones y estas llevan a malas obras, lo que resulta en un ciclo samsárico infinito.

Si el «yo» toma el control de tu ser, analiza su verdadero rostro con detenimiento hasta que descubras que el cuerpo físico y la mente son ilusorios, sin un ápice de realidad. ¿Cómo es posible que circunstancias externas nos perturben si nuestros cuerpos y mentes no existen en verdad? El camino correcto es la meditación; en él, el apego al «yo» y lo «mío» disminuirán poco a poco hasta desaparecer por completo, junto con las emociones conflictivas.

Estamos navegando hacia la liberación en el vasto océano. Tened cuidado con los arrecifes submarinos del «yo» para no encallar en ellos y retrasar nuestro viaje espiritual.

5 de agosto

Palabras y acciones

El dolor agudo que tortura mi espalda ha regresado, y no puedo evitar quejarme y lamentarme al pequeño lama que está a mi lado. «¿Qué puedo hacer? ¡Duele demasiado!». Él me ha respondido: «Pero ¿no nos has dicho que, en la enfermedad, debemos visualizarnos intercambiando el lugar con otros y recibiendo su sufrimiento? ¿No es ese el modo de disminuir el apego a uno mismo y aliviar el dolor?».

Las palabras del joven lama me han avergonzado tanto que he deseado que la tierra me tragara. ¡Cuántas veces me he sentado en estrados para hablar sin parar y reprender a otros con principios idealistas como: «¡Debemos transformar la adversidad y la enfermedad en crecimiento espiritual!»! Pero, al parecer, he pronunciado esas palabras de forma irresponsable, sin disciplinarme a mí mismo de acuerdo con ellas. ¿Sería apropiado describirme como «un gigante en las palabras, un enano en los actos»?

Al analizar mi reciente conducta, he notado que, frente a las dificultades, me intereso mucho por mis cambios de humor y mis pesares; este apego a uno mismo tiende a llevar la delantera. Pero ¿acaso no sé que los tres reinos son caóticos? ¿Cómo podrían estar libres de sufrimiento? Es de esperar que los cuatro elementos no estén en equilibrio en un ser corriente, ¿por qué hacer tanto aspaviento por mi enfermedad? ¿Y por qué frustrarme en vano? ¡La enfermedad es el mejor momento para practicar el Dharma! Y con este razonamiento me reprendo a mí mismo y me dispongo a trabajar para ponerme en el lugar de otros. Siento que el resultado es muy bueno.

He usado un microscopio para ver las faltas de los demás, sin atender a mis propios defectos. Las palabras del joven lama han sido esclarecedoras y he podido ver defectos que antes eran difíciles de identificar. Un antiguo adagio reza: «Si es puesto en práctica, incluso el menor de los consejos genera toda una vida de beneficios. Si no se aplican sus enseñanzas, incluso todos los libros del mundo resultan inútiles». Por lo tanto, debo aplicar lo que predico a mi vida diaria, de lo contrario, sería como un tonto que muere de sed frente al agua.

6 de agosto

Liebre de montaña

Los tibetanos suelen reconocer a la liebre de montaña como un «*bodhisattva*. La especie autóctona tiene la panza blanca y el lomo negro, ojos grandes y un par de orejas largas y caídas, y su carácter es tranquilo y cariñoso.

Hace unos meses, una liebre decidió crear su hogar en un pino de mi jardín y se convirtió en mi vecina. Cada día, mientras el sol aún duerme, mi vecina diligente sale a llenarse la barriga con hierba bañada de rocío y regresa a casa para realizar su «meditación», donde permanece inmóvil toda la mañana, trabajando con destreza en «observar las cadenas varja» y «mirar al vacío», igual que un yogui veterano. Y no abandona su «celda de meditación» hasta que es hora de volver a comer hierba por la tarde. Como comenzamos a llevarnos bien, me considera uno de los suyos y no se molesta en tomar medidas de protección; ni siquiera le importa que pase junto a su «celda de meditación».

La liebre, de corazón bondadoso, nunca lastima a otros seres. A diferencia de los humanos, que despiden aromas fétidos por comerse mariscos o beber como tontos, la liebre lleva una vida pura y libre. ¡Qué placer tenerla como vecina!

Una canción de realización dice: «En el cielo despejado, la luna descansa sola; bajo los pinos del monte la liebre yace en soledad; buscador espiritual en lo profundo del bosque, tú nunca estás solo». ¡Me alegra esa soledad despreocupada de la que disfruta la liebre!

El sol se despide de nosotros por hoy, y el cielo nocturno pronto hará acto de presencia. Es hora de que la liebre regrese a su madriguera y de que yo encienda las luces para retomar mis tareas diarias.

7 de agosto

Una palma llena de agua

Esta historia se encuentra en el *Sutra del sabio y el necio* y refiere que, en una ocasión, un practicante laico que observaba los cinco preceptos guio a quinientos mercaderes en un viaje en busca de piedras preciosas del océano. Un dios del mar intentó detenerlos con sus poderes mágicos, y el capitán aprovechó la oportunidad para educar al dios enumerando los sufrimientos del infierno y del Reino de los Preta, así como los actos nobles de personas virtuosas. Cuando el dios del mar, por fin, abandonó su arrogancia, les llenó las palmas de las manos de agua y dijo: «Discípulo laico, dime, ¿qué es más valioso, el agua en mis manos o el agua del océano?», a lo que el practicante respondió: «El agua en tus manos». «¿Estás seguro?», replicó el dios. «Lo que digo es verdad, no me equivoco. Aunque es inmensa el agua del océano, cuando el *kalpa* actual se aproxime al momento de su destrucción, siete soles se elevarán en el cielo, el monte Meru arderá y los siete océanos se secarán. Sin embargo, quien le ofrezca aunque solo sea un poco de agua con las manos al Buda, el *sangha*, sus padres, los pobres y los animales ganarán una virtud indestructible a través de los *kalpas*. Por esta razón, el agua en tu mano es más valiosa que el agua del mar». El dios quedó encantado y le mostró sus tesoros al capitán y se los confió para que se los enviara al Buda y a los monjes.

Cuando contemplamos el océano infinito, nos maravillamos ante su extensión y no imaginamos que pueda secarse algún día. Esta historia acerca de una palma con agua nos recuerda que cualquier acción positiva realizada con sabiduría y habilidad tendrá resultados increíbles. Cada mañana, después de asearnos, debemos recordar ofrecer un vaso de agua limpia en el santuario con una mente pura. Este pequeño vaso de agua, gracias al poder de la ofrenda, sobrepasa aún a los siete mares en su mérito. ¿Por qué no le dais una oportunidad con alegría?

8 de agosto

Noticias devastadoras

He recibido noticias terribles: un conocido llamado Sangye Rangpo ha tenido una muerte trágica, y hoy han traído su cuerpo a Larung. Era un hombre apuesto, alto y fornido, que solía llevar una espada larga en su faja y amaba galopar por la pradera con buenos caballos. Sabía defenderse durante una trifulca y se enorgullecía de sus habilidades de pelea. Lo conocí hace no mucho tiempo en el monasterio Dhomang, donde le pregunté: «¿Para qué cargas esa espada? ¿No podrías ir sin ella?». Pero defendió con vehemencia el llevar su espada. Lo que yo ignoraba era que esa sería la última vez que nos veríamos.

Hace unos días, él empezó una pelea por un asunto trivial, y su oponente lo apuñaló en el pecho. Sus últimas palabras fueron: «¡Me has asesinado!»; luego escupió sangre y murió. Una vida joven, llena de vigor y de vitalidad ha terminado de forma abrupta en unos pocos minutos. Un cuchillo afilado penetró en su pecho y salpicó de sangre la hierba verde, y los lamentos de su familia ascendieron hasta las nubes. Cuando la policía llegó a la escena, el villano se había dado a la fuga hacía rato, y el hermano menor de la víctima, enfurecido, incendió la tienda del culpable. Pero una vida perdida no puede recuperarse. La contienda entre estas dos familias apenas comienza. ¿Cuándo acabará el ciclo de ataques y represalias?

Nuestra vida es más preciada que el oro y tan fugaz como una burbuja de agua, debemos valorarla y usarla para el bien. Sin embargo, muchas personas para cuidar a sus seres queridos y combatir a los enemigos, solo cometen malas obras.

El *Sutra del sabio y el necio* dice:

Guerreros y generales, feroces y audaces, se lanzan a la batalla
y matan a sus enemigos con cuchillos, espadas, lanzas y otras armas.
Como retribución a esos actos, después de la muerte,
caen en infiernos temibles y sufren tormentos duraderos.

Los seres mundanos piensan que ser audaz y agresivo en el campo de batalla es loable, pero ignoran que esa es la causa del renacer en el reino infernal. ¡Aquel que ignore las consecuencias de sus actos es verdaderamente patético!

Ahora, rezo en silencio: «Que las bendiciones de las Tres Joyas alejen a Sangye Rangpo del camino equivocado y lo liberen del samsara». *¡Lama chen!*

9 de agosto

Dos beneficios

Para una persona corriente, la mejor forma de beneficiar a los demás es cultivar el amor, la compasión y la *bodhichitta*. Una vez que esta se haya generado y mantenido, no se caerá en los tres reinos inferiores. Aunque sea inevitable por un mal karma del pasado, será tan corto como un chasquido.

Una persona laica le preguntó a Dromtonpa: «¿La aspiración a mantener la *bodhichitta* es causa directa o indirecta del beneficio de otros seres?». Dromtonpa respondió: «Es la mejor causa del beneficio de los seres. Quien adopte la *bodhichitta* no caerá en los reinos inferiores, sino que se convertirá en alguien que no regresa. Aunque un karma específico lo lleve a un reino inferior, aún podrá llegar a la liberación al recordar la *bodhichitta*, el poder que lo impulsará a los reinos superiores de humanos y dioses».

Sin embargo, la motivación para ejercer virtudes no debe ser el evitar los reinos inferiores. De hecho, algunos supuestos mahayanas pueden seguir el proceso de despertar la *bodhichitta* antes de practicar y de dedicar el mérito al final de las sesiones de prácticas. De este modo, al intentar no perder su mérito, solo buscan asegurar su propia iluminación y felicidad. Esta clase de práctica solo descalifica a la persona como auténtica practicante del *mahayana*.

No debemos intentar usar la *bodhichitta* en vano para beneficios personales. El interés propio nos ha llevado a perpetuar el ciclo del samsara durante eones. Por otra parte, los budas y las *bodhichitta*s nunca se han preocupado por su interés propio, pero aun así logran el fruto final del camino del buda. De este modo, los llamados «dos beneficios» se potencian entre sí. Las intenciones egoístas no solo impiden servir a los demás, sino que anulan el beneficio propio por completo.

Por todo ello, antes de realizar actos virtuosos exploremos el alma: ¿qué clase de *bodhichitta* estoy generando? ¿Soy capaz de mantener la consciencia limpia? ¿De verdad honro el voto de la *bodhichitta* en mi mente?

10 de agosto

Adiós a las flores

Después de que mencionara mi gusto por las flores en *Rocío del océano de sabiduría* (*The Sprays of the Wisdom Ocean*), mi casa y mi jardín han comenzado a llenarse de obsequios florales. La rosa china de Yuan Guan, el crisantemo amarillo de Chime Tsultrim y muchas otras han convertido mi espacio exterior en un espectáculo de flores.

Aunque salgo de la casa temprano por la mañana, siempre encuentro tiempo para regar las plantas y, quizás por mi sinceridad y cuidado atento, estas me han retribuido con flores abundantes. Al inicio del otoño, mi jardín aún conserva la gloria de los días de verano, pero de camino a casa después de las clases, he notado que la cerca de entrada estaba abierta, lo que me ha dado un mal presentimiento. Dentro del jardín, me he encontrado con un caos de pétalos esparcidos por el césped, una cabra roncando entre ellos y su excremento fresco en un macetero. ¡Qué mala compañera! Mi corazón se ha desmoronado como si hubiera perdido mi bien más preciado. Mi casa ha sido víctima de ladrones que se han llevado bienes valiosos muchas veces, pero no me he sentido tan desolado como al perder las flores. Quizás tenga predisposición a sentirme de este modo por haber sido una abeja en mi vida pasada.

De repente, un pasaje del *Sutra solicitado por Luoyan* se apareció frente a mí brincando como un niño: «Un *mahabodhisattva* debe aspirar a lo siguiente: por el bien de otros seres, estaría dispuesto a ofrecer mi propio cuerpo, además de mis posesiones materiales y otras cosas». De pronto, mi mente se ha aclarado. En medio de los escombros del jardín arrasado, la tristeza se ha disipado como la niebla y he sentido alivio, como si un peso se hubiera levantado de mi corazón y de mi cuerpo.

El lama vecino ha sufrido el mismo infortunio, pero tras soltar un torrente de maldiciones, se ha preparado para buscar venganza con una piedra en la mano. Como víctima de la misma suerte, comprendo cómo se siente, pero he intentado tranquilizarlo, además de guiar a la cabra a una esquina para que, al menos, no sea un blanco fácil para el ataque de mi vecino.

El jardín, que esta mañana estaba radiante y lleno de vida, ahora se encuentra apagado y caótico, con pétalos rojos por doquier. ¿No es todo en este mundo igual de efímero? *¡Lama chen!*

12 de agosto

Oro puro

Las personas usan el oro como metáfora de algo precioso, singular e indestructible; por ejemplo, podría decirse que alguien tiene un «corazón de oro» o que «la verdad resistirá al fuego como el auténtico oro». Los accesorios de este metal precioso también son llamativos, pero los adornos exteriores de nada sirven a los atributos interiores. Para ello necesitamos el Dharma, cuyas enseñanzas sagradas embellecerán las vidas presentes y futuras hasta llevar a la liberación. Teniendo en cuenta sus beneficios ilimitados, el valor del Dharma es precioso como el oro más puro.

Los maestros del Dharma nos han dejado legados de oro puro. El principal entre ellos, Jowo Je Glorioso Atisha, que dominó las doctrinas interiores y exteriores a los veintiún años y se volvió competente en sutras y tantras gracias a su estudio diligente con el gran Naropa. Más tarde, con la guía de sus maestros y su yidam, Atisha fue consagrado por el erudito supremo Silarakshita y recibió el nombre de Dipamkara Srijnana. En un lapso de tres años, comprendió los puntos esenciales de su propio linaje y de todos los demás a la perfección.

Siguiendo las instrucciones de Tara, emprendió un viaje marítimo peligroso de trece meses, en el que superó dificultades inimaginables para llegar a la remota isla de Sumatra, en la actual Indonesia. Allí, con devoción profunda e inquebrantable, estudió y entrenó la *bodhichitta* durante doce años con el maestro que había anhelado desde hacía mucho tiempo, el gurú Suvarnadvipa, también conocido como el Maestro de la Isla de Oro. Tras recibir las preciadas enseñanzas de su maestro, despertó la *bodhichitta* dorada y presenció muchas visiones puras de yidams. Atisha hablaba de su gurú con la mayor gratitud, con profunda emoción: «¡La *bodhichitta* dorada que he generado en mi mente proviene por completo de la bondad del Señor Suvarnadvipa!».

Atisha regresó a la India realizado. Con su sabiduría y conocimiento extraordinarios, triunfó en numerosos debates acalorados contra trece extremistas no budistas y recibió trece banderas de victoria por los adversarios derrotados, que estaban llenos de admiración y respeto por él. Su fama alcanzó lugares lejanos. Ganó la confianza total del *sangha* en el eminente monasterio budista de Vikramashila y le encomendaron la custodia de sus dieciocho llaves (y es que, en esos tiempos, estar a cargo de apenas una llave era considerado un gran honor).

El rey tibetano de esa época, Lha Lama Yeshe O, dio su vida a cambio de su peso en oro, el cual utilizó para invitar a Atisha al Tíbet. Su sobrino, Jangchup O, viajó a la India con el oro, se lo ofreció a Atisha y lo llevó al Tíbet, donde enseñó al maestro Dharma puro durante trece años.

Una vez que sus discípulos más importantes, Khu, Ngok y Drom le pidieron que transmitiera los mejores elementos del camino, Atisha respondió con estas palabras de iluminación:

La mejor instrucción es siempre dirigir toda tu práctica hacia dentro.
La mejor conducta es aquella que no se ajusta a los modos mundanos.
El mejor logro es una reducción constante de las emociones aflictivas.
La mejor señal de práctica es tener menos deseo y conocer la satisfacción.
El mejor amigo espiritual es aquel que señala tus defectos ocultos.

Los mejores incentivos para la virtud son los enemigos,
los obstáculos y el sufrimiento de la enfermedad.

Los grandes maestros como Atisha nos han dejado legados tan valiosos como el oro puro. ¿Qué podría más tonto que viajar a las islas doradas y regresar solo con las manos vacías?

14 de agosto

Fe y devoción

La verdadera devoción es la raíz de cualquier logro espiritual, grande o pequeño, en especial para quienes se dedican a la práctica tántrica. Sumergidos siempre en la bondad y la reverencia, nos hacemos receptivos a la esencia del Dharma. Debemos saber que todas las bendiciones del linaje de la mente provienen de la fe y la devoción; si los practicantes carecen de devoción y respeto, nunca experimentarán el estado más allá de las palabras, aunque sean brillantes y diligentes, muy capaces o hayan leído todos los textos de Tripitaka con detenimiento. Muchos *siddhas* han recibido transmisiones de mente a mente solo a través de una devoción incomparable y asombrosa a sus maestros. Bendecidos por el linaje sin igual, han percibido la verdad del Dharmakaya y se han convertido ellos mismos en grandes poseedores de linaje para guiar a los seres y difundir el Dharma. Las biografías de los grandes maestros tienen relatos vivaces de este maravilloso proceso de transmisión del Dharma.

Conozco a una persona de una agudeza promedio que ha hecho progresos notables en su práctica y ha tenido grandes logros. Esta, en una ocasión, me dijo: «Para una persona como yo, que no soy brillante, solo a través de la fe y de la devoción a mi gurú y a las Tres Joyas es posible alcanzar cualquier cualidad, incluso la más pequeña de ellas».

H. H. Dilgo Khyentse Rimpoché dice:

Las bendiciones de todos los budas se extienden a aquellos que tienen una fuerte confianza y devoción. Los rayos del sol brillan en toda la Tierra, pero solo a través de una lupa pueden incendiar la hierba seca. De la misma manera, solo a través de la lupa de la fe y la devoción, los rayos compasivos de Buda pueden enfocar y encender bendiciones en tu ser.

Para hacer que el fuego de las bendiciones arda con más fuerza en nuestro ser y para incinerar las raíces de los cinco venenos, añadamos más madera de la devoción.

16 de agosto

Esqueleto

La temporada de verano ha pasado rápido, y ya hay señales del otoño en los campos. Aunque algunas flores obstinadas sigan erguidas, la sensación de desolación asociada con el otoño en el aire es inconfundible.

A unos diez kilómetros de Serthar y cerca del monasterio Yalong se encuentra un lugar famoso por sus exuberantes flores de verano. Con ánimos de ver el último espectáculo glorioso de esta estación allí, Sodon, algunos otros y yo hemos salido hacia el lugar con entusiasmo. Como esperábamos, las flores se erguían en el campo reseco, quizás conmovidas por nuestra sinceridad, y lograron transmitirnos una sensación de vitalidad. Al igual que ellas, el pequeño arroyo, al parecer ajeno a la inminente helada invernal, entonó una melodía mientras fluía que recordaba a una polka. El torrente entusiasta, junto con el canto distante de los jóvenes pastores y el relinchar de los caballos, ofrecían un coro animado y acogedor a nuestra llegada.

Mis compañeros se pusieron cómodos y empezaron un fuego para preparar té, y como me sentía incómodo por estar de brazos cruzados, decidí caminar junto al arroyo. No muy lejos de allí se encontraba un conocido osario, que, según se dice, está a la par con el Cool Grove de la India, a donde vuelan aves desde miles de millas de distancia para alimentarse. La madre de Khenpo Changchup Dorje tuvo un entierro celestial en este osario después de su muerte. Imagino que es un lugar sagrado de congregación para las dakinis. Me ha llamado la atención el cuerpo muerto de un de yak en descomposición, y me he preguntado cuándo y por qué habría llegado allí. Su olor putrefacto había atraído a muchas criaturas de rapiña, que se aglomeraban sobre su esqueleto. Se veía repugnante y me recordó que mi propio saco de carne y huesos también pronto se descompondría.

Aunque sé muy bien que es inevitable enfrentar el mismo destino que ese yak, aún me esfuerzo día y noche para servir a esta conjunción de cuerpo y mente. El cadáver del yak ha sido una lección de vida, me ha despertado de la ignorancia y he visto que todas las cosas del mundo (las flores marchitas de otoño, el arroyo en movimiento constante, el yak que supo tener un cuerpo fuerte) son lecciones de impermanencia. Invadido por un fuerte sentido de renuncia, he orado por las bendiciones de los budas y dakinis, para que todos los seres que se hallaban en ese osario pronto encontraran la liberación.

El tiempo transcurrió deprisa, y mis compañeros me llamaron a lo lejos. Pronto el sol se ocultó casi por completo en el horizonte. Volví con reticencia y cierto pesar, pues deseaba quedarme allí.

17 de agosto

Saborear el Dharma

Realizar verificaciones verbales nunca me ha gustado. Hablar del Dharma, sin importar con cuánta profundidad, pero no incluirlo en las actividades diarias, puede sembrar algunas semillas buenas en la mente, pero no servirá de ayuda en esta vida ni en vidas futuras. El *Sutra de Avatamsaka* dice:

> *Un budista que no practica el Dharma es como un músico sordo tocando música para entretener a otros, pero no a sí mismo.*
> *Un budista que no ponga en práctica el Dharma es como un barquero que transporta a la gente a través de las aguas, pero se termina ahogado.*
> *El sabor dulce se percibe por la masticación más que por las descripciones; del mismo modo, el vacío se alcanza con la práctica en lugar de con las palabras.*

Por lo tanto, las doctrinas no deben ser alabadas solo con palabras, ya que su grandeza solo puede apreciarse con la práctica real y la experiencia personal.

Algunos budistas han leído las escrituras y las enseñanzas de los maestros de linaje en profundidad, pero su conocimiento permanece confinado a las páginas de los libros. Están orgullosos de su memoria enciclopédica del Dharma, sin embargo, ceden con facilidad a las emociones que los afligen. Técnicamente, no difieren de una persona hambrienta que describe comidas suntuosas o de un pobre que cuenta el dinero de los demás. En sus manos, el Dharma, el camino sagrado a la liberación, se reduce a herramientas para satisfacer su vanidad.

Un proverbio tibetano dice: «Conocer el Dharma no es suficiente; debemos practicarlo. Poseer comida es inútil; debemos comerla». Por lo tanto, deberíamos dejar de lado las pequeñas cosas mundanas para practicar el Dharma que hemos aprendido; así podremos saborear su exquisito sabor día y noche. Ahora que tenemos la llave del tesoro de la liberación, deberíamos hacer nuestro máximo esfuerzo para acceder a él.

18 de agosto

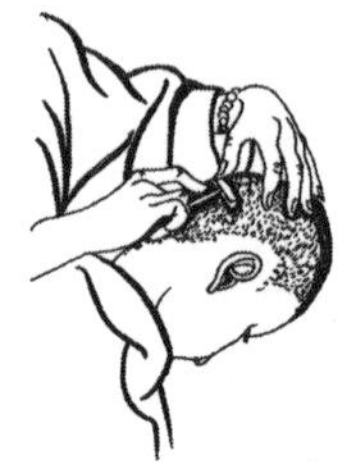

Ordenación monástica

Una joven de la ciudad de Dandong, graduada en la universidad, se acercó a mí para que la ordenara monja. Es una mujer alta y delgada, de facciones hermosas y delicadas. Está en la flor de la juventud, por lo que su decisión, sin duda, debe de ser incomprensible para muchas personas corrientes. ¿Por qué no aprovechar la oportunidad para averiguar lo que piensa? La respuesta también ayudaría a medir la fuerza de su convicción.

Así pues, le pregunté: «¿Por qué quieres convertirte en monja? Muchas personas piensan que, para una joven como tú, la vida monástica es como pisar un hermoso retoño antes de que florezca, es inhumano. ¿Qué piensas sobre esto?». Al oír mi pregunta, perdió su timidez y abrió su corazón:

> *Para muchos, la vida mundana puede satisfacer la sed del ser humano por conseguir confort físico y mental (poseer coches, buenas casas y disfrutar las tan ensalzadas relaciones amorosas) y la gente dedica todo su esfuerzo a tales fines, pero lo que reciben a cambio no suele saciar sus deseos. Por mucho que se esfuercen, nunca llegan a sentirse satisfechos, porque el deseo se acrecienta día a día. La gente puede jactarse de tener una extrema riqueza o un gran séquito, pero ¿cuántos pueden encontrar la libertad absoluta en un mundo donde todos intentan engañar o superar a los demás?*
>
> *En cuanto a las relaciones amorosas, ¿cuántas parejas han llegado juntas hasta el final? La mayoría de las uniones amorosas*

se esfuman, y una ruptura sin amargura se considera afortunada. Ahora bien, ¿tú considerarías que una vida tan aferrada a lo terrenal es feliz?

Llevar una vida monástica no es inhumano; por el contrario, proporciona un camino para encontrar el verdadero yo a través del entrenamiento espiritual. ¡No hay mayor felicidad que llevar una vida monástica!

Me he relajado al escuchar su punto de vista. Sin duda, su decisión de convertirse en monja surgió de una deliberación seria y cuidadosa más que de un impulso. *El gran tratado sobre la perfección de la sabiduría* dice:

Un pavo lleva el bello adorno de su espléndido plumaje; sin embargo, no es mejor que el de un ganso que puede volar largas distancias.
Una persona laica puede poseer riqueza y poder, pero esas bendiciones palidecen frente a las de los ordenados.

Esperemos tener las alas extensas del ganso para volar por el vasto cielo de una mente abierta. No anhelemos el plumaje deslumbrante del pavo, ya que es pesado y nos impide volar libremente en el Dharmadhatu.

19 de agosto

Bzz-bzz

Un acertijo tibetano sobre las abejas dice: «No es un tigre, pero tiene rayas de tigre. No es un yak, pero suena como un yak. No es un ratón, pero puede caber en un agujero de ratón». Las abejas, en cualquier caso, siempre son retratadas como diligentes y laboriosas.

Mientras bebía *tsampa* esta mañana, una gran abeja apareció zumbando a mi alrededor. Según la creencia tibetana, una abeja que se acerca a una persona es un pariente que aún no ha alcanzado la liberación en el «estado bardo» y que, con el permiso del Señor del Bardo, va en busca del Dharma en el cuerpo de una abeja. Para bendecir a estos espíritus inquietos, los tibetanos recitan el mantra de Avalokiteshvara o Vajrasattva.

«Querida abejita, ¿cuál de mis parientes eres tú?». Pero mi pregunta fue respondida con una serie de zumbidos. Aunque vivos y muertos estaban uno junto al otro, no tenían un lenguaje con el que comunicarse, solo ese zumbido. ¡Qué triste! No he podido decir más, solo recitar mantras y nombres de budas para beneficiar a ese pariente mío.

Los sutras contienen otras historias sobre abejas. El *Sutra Karandavyuha* relata este episodio: «Cuando el compasivo *bodhisattva* Avalokiteshvara fue a Sri Lanka, vio miles de criaturas viviendo en pilas de excrementos en un rincón de la ciudad de Yekoumoujie. Entonces, Avalokiteshvara se apareció como una abeja y zumbó para rendir homenaje a los budas y, al oírlo, todas las criaturas que allí había hicieron el mismo sonido para honrarlos. Con eso, destruyeron con el diamante de la sabiduría veinte tipos de apego propio, y se convirtieron en unos *bodhisattvas* llamados Labio Fragante, que se reencarnaron en la Tierra Pura de la Gran Dicha.

«Querida abeja, tal vez seas la emanación de un buda o un *bodhisattva*. Por favor, dime, ¿cuál es el significado oculto de tu zumbido?». Pero, una vez más, la respuesta fue solo el ruido. Sea cual sea la verdadera identidad de mi visitante (un ser bardo en busca de ayuda, una criatura corriente o la emanación de una persona iluminada) creo que no hay mejor bienvenida que pueda ofrecerle que orar a las Tres Joyas.

Cuando estemos en el jardín disfrutando de flores encantadoras o deleitando nuestros ojos en los inmensos campos verdes, también veremos a muchos insectos pequeños y hermosas criaturas. En ese momento de ocio y gozo, recordad siempre el sufrimiento de los seres sintientes en el samsara y la bondad de nuestro protector, las Tres Joyas.

20 de agosto

Contemplar al gurú

Cuando disfrutamos de contemplar a nuestros maestros o sentimos una alegría tremenda al escuchar sus nombres, ganamos un gran mérito. Recordarlos siempre aumenta nuestra confianza en el camino budista. Tener visiones del gurú, el Buda o de los *bodhisattvas* en sueños o durante la meditación son signos de que el discípulo ha demostrado una fe inagotable en el Dharma. De la misma manera, solo una persona con devoción natural verá que únicamente el Dharma puede beneficiarla a ella misma y a las demás.

Un maestro auténtico es un *bodhisattva* que ha generado, al menos, una *bodhichitta* relativa de intención y aplicación puras, y observarlo, ya sea con fe o con codicia, también genera méritos inmensos. El *Sutra de cien historias del karma* relata: «Un joven brahmín despertó una gran alegría al mirar al Buda. Gracias a este mérito, se salvó de renacer en los reinos inferiores por trece kalpas y renació en el reino de los dioses, donde disfrutó de bienestar y felicidad. Con el tiempo, nació como ser humano y se convirtió en monje; a través de la formación en los *Treinta y siete elementos de la iluminación*, alcanzó el nivel de un *pratyekabuddha*».

Por lo tanto, despertar un vínculo directo con los maestros espirituales, la encarnación de las Tres Joyas, da lugar a un mérito considerable. En ese caso, ¿qué necesidad hay de relacionar el mérito de contemplar o hacerles ofrendas con la devoción pura y profunda? Los maestros espirituales nos guían por el camino libre de todo sufrimiento, son el barco que nos lleva hacia la orilla de la liberación y la fuente de toda felicidad. Ya sea que nos sintamos felices o tristes, debemos contemplar o recordar a nuestros maestros con alegría, lo cual nos llenará con el néctar de la bendición.

21 de agosto

Entierro celestial

La antigua India era notable por sus ocho sitios de entierros celestiales. Las tierras altas tibetanas tienen muchos de esos lugares, grandes y pequeños, y uno de ellos se encuentra en la montaña de Larung oeste. Los budistas suelen traer los cuerpos de sus parientes difuntos aquí; vienen en coche, a caballo o en yak desde cientos de kilómetros de distancia, incluso de lugares tan lejanos como Lhasa o Chamdo, lo que refleja la profunda fe de la gente en nuestro valioso gurú H. H. Jigme Phuntsok Rimpoché.

Cada día llegan cinco, seis o hasta una docena de cadáveres a Larung, que primero pasan por un ritual de bendición frente a la sala del Gran Santuario y luego son enviados al sitio de entierro celestial.

Para refrescar la lección de impermanencia en mi mente, esta tarde he ido al sepulcro celestial, a pesar de que no me encontraba bien. Había pasado bastante tiempo desde mi última visita. ¡Qué paisaje más impresionante! Las banderas de oración se agitaban con el viento intenso de la montaña; algunos arroyos atravesaban las verdes praderas, y una bandada de gansos salvajes voló en formación, adornando la inmensidad del cielo. Sin embargo, ese paisaje idílico no podía ocultar el olor de la putrefacción que llegaba de vez en cuando desde el otro extremo del lugar.

Los cadáveres estaban más o menos alineados; algunos eran de ancianos que habían muerto de enfermedades, mientras que otros habían perecido en la flor de la vida; había hombres, mujeres e incluso bebés. En vida, habrían usado ropa y ornamentos de ricos o pobres, pero allí, todos llevaban sus trajes de cumpleaños. El maestro del sepulcro celestial comenzó su trabajo y, con la cooperación de los buitres, los cuerpos de quienes hasta hacía unos días habían sido seres animados, pronto fueron devorados.

Los seres vivos tienen un deseo increíble de sobrevivir. Sin embargo, todo el mundo, rico o pobre, noble o humilde, viejo o joven, es impotente frente a la impermanencia. Algunas personas tienen miedo de los cadáveres y no se atreven a ir al osario. Sin embargo, Jetsun Milarepa dice: «El cuerpo más aterrador es el cuerpo vivo». Basta con echar un vistazo a las sociedades gobernadas por la ley de la selva hoy en día. ¿No crees que eso es más aterrador que lo que se encuentra en el osario?

Los familiares de los difuntos se secaron las lágrimas en silencio, pero no tenían forma de recuperar las almas de los muertos. Los buitres extendieron las alas y pronto desaparecieron de la vista. Esto me ha dejado una tristeza profunda, que se resistió a dejarme durante mucho tiempo.

22 de agosto

Rico o pobre

Una persona laica me dijo con tristeza: «Siempre nos has instruido a renunciar al anhelo del dinero, pero durante mi práctica, a menudo sentía la necesidad de tenerlo. Por ejemplo, con dinero, podemos hacer ofrendas al *sangha*, liberar criaturas cautivas, imprimir libros sobre el Dharma y financiar el socorro en caso de desastres, entre otras cosas. No debemos negar la utilidad del dinero ni sentirnos incómodos al poseerlo. En mi opinión, necesitamos tener dinero».

Sus palabras me han dado mucho en qué pensar. En el mundo secular, la pobreza honesta es respetada, pero la pobreza en sí misma está lejos de ser alabada. La máxima de Kadampa, «Basa tu mente en el Dharma, basa tu vida humilde en el pensamiento de la muerte, y basa tu muerte en una caverna solitaria», es inaceptable para la gente corriente. No estoy aquí para negar la utilidad del dinero, pero su beneficio es mínimo. Por ejemplo, este no puede comprar la satisfacción derivada de la meditación, la creatividad o la apreciación. Además, nunca brindará a los practicantes la máxima liberación.

Milarepa era famoso por ser miserable; los ladrones que invadían su cueva no encontraban nada que saquear, ni siquiera una aguja o un trozo de hilo. Nuestro querido gurú Jigme Phuntsok Rimpoché no tenía dinero mientras estudiaba en Shiqu y vivía con una porción diaria de yogur. El sexto patriarca Huineng, cuando vivía con el quinto patriarca, era un monje sin dinero, encargado de pelar arroz. Sin embargo, el brillo de sus realizaciones supera al de un diamante, y el mérito que han acumulado está más allá de los sueños más descabellados de los ricos. Han derribado la adoración ciega de la riqueza y el poder terrenales con logros que trascendieron las cuestiones monetarias.

Hay un dicho:

En la pobreza, comprométete a cultivar la integridad personal.
En la prosperidad, dedícate al bienestar del mundo.

Para un practicante espiritual, generar la *bodhichitta* natural ayudará a los seres sintientes y a él mismo. Además, hacer ofrendas mentales con intención pura es mucho más digno que hacer enormes ofrendas materiales con una mente contaminada. La mejor ofrenda para un gurú es dedicarse a la meditación en lugar de ofrecer dinero o bienes.

Existe un viejo poema:

Soñé con tener toneladas de oro y disfrutar al máximo de una
vida de gloria y abundancia ilimitadas.
De repente, mi almohada se cayó y, al despertar, me encontré
solo con paredes desnudas y el viento intenso.

No os dejéis engañar por recompensas monetarias superficiales; la fama, la gloria, la riqueza y el prestigio son sueños fantasiosos. ¿Merece la pena desperdiciar nuestra vida, que no puede redimirse una vez perdida, para acumular riqueza de manera fraudulenta?

24 de agosto

Sobre las corridas de toros

Hoy un visitante me ha dado un álbum de fotos. Aunque no sé nada sobre fotografía, pasé las páginas para agradecer su buena intención y, de repente, una escena aterradora ha captado mi atención. Un toro y un hombre vestido de blanco se enfrentaban en una pelea a muerte. El cuerpo del toro estaba bañado de sangre, que salpicaba las prendas del hombre y las teñía de rojo. Las miradas de ambos eran nerviosas y atemorizadas. El título de la imagen era «Batalla de fuerza y belleza», y no he podido comprender por qué fue elegida semejante descripción, pues no he visto ni un ápice de fuerza o belleza en la imagen. En vez de eso, han afluido a mi mente las palabras «brutalidad», «horror» y «barbarie».

Se cree que el toreo se originó con los antiguos minoicos, en Creta. Hoy en día, es un espectáculo muy celebrado en España, y muchos artistas y hombres de letras lo han difundido de varias maneras. Por ejemplo, la famosa aria *Votre Toast* ('*Canción del toreador*') de la ópera *Carmen* de Georges Bizet, basada en la novela *Carmen* de Prosper Mérimée. Además, la tauromaquia y las plazas de toros de España fueron halagadas por el escritor estadounidense Ernest Hemingway en *Fiesta* y *muerte en la tarde* como el único sitio donde podía verse la muerte violenta después de que las guerras terminaran.

Durante mucho tiempo, el torero fue sinónimo de héroe, y muchas mujeres consideraron un honor recibir como ofrenda de amor un trozo del toro matado por el «guerrero» ganador. Los aficionados veían el golpe de espada que daba muerte al animal como un espectáculo refinado. Desgraciadamente, la gente no ha superado el instinto bárbaro que permite que este espectáculo atroz continúe, incluso lo disfrutan. Me duele el corazón al pensar en esto; es como si una aguja me lo atravesara. Esos pobres toros sirven como entretenimiento y seguramente morirán una vez enviados a la plaza, sin posibilidad de escapar a su destino predeterminado. En una ocasión, un toro se rebeló y mató al torero «El Yiyo» clavándole los cuernos en el corazón. Al final, la cabeza embalsamada del toro fue exhibida en un museo cual trofeo como declaración de la «victoria» final de la humanidad.

He sabido de un sacerdote italiano que ha intentado poner fin a estas muertes despiadadas. Con medidas extremas y sin pensar en su propia seguridad, saltó a la arena e intentó persuadir al público para que detuvieran este espectáculo tan sádico. La multitud, que había perdido toda razón, lo apedreó hasta la muerte, y su cálida sangre de color escarlata resplandeció sobre el suelo frío y duro. La muerte del sacerdote hizo reflexionar a la gente, y las corridas de toros se detuvieron por algún tiempo. Aunque no puedo recordar el nombre de este sacerdote, su valentía en la plaza permanecerá grabada en mi memoria y en la de cualquiera que tenga una conciencia limpia.

No es mi intención menospreciar a los españoles, ni son los únicos que respaldan las corridas de toros, pero estoy dispuesto a enfrentarme a la desaprobación del mundo para señalar lo imprudente y absurdo de esta práctica. Sacrificar la vida de otro por el placer y la emoción, para llenar la mente vacía o para ganar el título de héroe y el favor de las mujeres es perverso. La ley de la causalidad dará el juicio final de quién es ganador y quién perdedor. Las personas que matan o se regocijan con la muerte no podrán evitar cumplir el veredicto imperdonable del Yama. ¡Si existe una oportunidad, yo mismo seguiré los pasos de ese noble sacerdote!

25 de agosto

Percepción visual

Durante siglos, la gente ha admirado la espectacular belleza del Sol que salía y se ponía, creyendo que lo hacía desde el horizonte de la Tierra. Esta percepción todavía prevalece en algunas regiones del mundo, aunque el modelo astronómico heliocéntrico ha sustituido a la visión anterior. En la escuela primaria, se nos enseña que el Sol no se mueve; más bien, la rotación axial de la Tierra hace que este parezca alzarse y ponerse en nuestro cielo.

Sin embargo, la gente sigue decantándose por lo que ve con sus ojos. Si les dijeses que no solo nuestras percepciones sensoriales de la salida y puesta del sol son erróneas, sino que todo lo que vemos (el Sol, la Luna, las estrellas, las montañas y los ríos) también son ilusorios, es probable que tu público se quede ojiplático y se pregunten si deberían ingresarte en un hospital mental.

Desde la Antigüedad, los humanos se han centrado en lo que ven con sus ojos. Convencidos de que todos los objetos visuales existen de verdad, se apegan a ellos, sienten aversión o son indiferentes a estos objetos y establecen una percepción del universo como algo con existencia inherente. Con esa actitud, la gente rechazaría la cosmología budista y las descripciones de la Tierra Pura de Buda, ya que no son capaces de probar su validez a través de la percepción sensorial directa.

Este tipo de actitud egoísta es superficial y limitante. El *Sutra del rey del Samadhi* dice:

Los ojos, las orejas y la nariz no son fiables;
la lengua, el cuerpo y la mente no son fiables.
Si se pudiera confiar en los sentidos,
¿qué necesidad habría del Camino de los Nobles?

Esta enseñanza explica que nuestras seis conciencias no son definitivas. Por ejemplo, la mujer vivaz y hermosa que tienes delante, sometida a un análisis cuidadoso, puede ser diseccionada con la mente en piel, carne, huesos, sangre y otros componentes, e incluso dividida más adelante en partículas sutiles e indivisibles, que al final no existen intrínsecamente y, por lo tanto, son de naturaleza vacía. Una conclusión tan audaz sorprenderá a muchas personas corrientes, pero es una verdad aplicable en todas partes.

Las vacas casi no ven los colores y sufren de una mala percepción de la profundidad. Para un ganso, las cosas parecen más pequeñas que su tamaño real, lo que explica su temperamento. Para los insectos con ojos compuestos, un objeto se ve muy diferente. Cuando los seres sintientes de los seis reinos, los budas y los *bodhisattvas* observan el mismo mundo, sus conclusiones son polos opuestos. Entonces, ¿cómo es posible que la afirmación «Ver para creer» sea definitiva e irrefutable? ¡Nunca confiéis en vuestros propios ojos!

26 de agosto

Antílope tibetano

He escuchado esta noticia en la radio: un chal de *shahtoosh*, hecho con piel de antílopes tibetanos chiru, en peligro de extinción, cuesta cien mil dólares o incluso cinco veces más en el mercado de la moda italiana. Esta noticia, sin duda, acelerará el corazón de los comerciantes sedientos de sangre, y me preocupa que, atraídas por las ganancias elevadas, las personas se animen a desafiar la ley y vender y comprar bienes ilícitos. Sin importar que la ley prohíba la caza, temo que tarde o temprano sea el fin de los antílopes tibetanos.

Estos antílopes han vivido durante generaciones en las vastas y pacíficas praderas del norte del Tíbet en armonía con los seres humanos. Ahora que, súbitamente, se enfrentan a esta catástrofe, temo que no sobrevivan. ¿Cómo pueden estos nobles antílopes luchar contra humanos armados?

Ahora, imaginad esta escena: un antílope tibetano herido que se encuentra tendido en el campo, observando la pradera con tristeza a través de su visión borrosa y, con sus últimas exhalaciones, ofrece su adiós al sol poniente. A su alrededor se encuentran los cazadores, que se felicitan y se ríen a carcajadas, regocijándose al pensar en todo el dinero que los espera. El antílope perece con inmenso dolor y terror e ingresa en el reino de los bardos con las voces agudas de los asesinos aún resonando en sus oídos.

Detrás de esta tendencia de la moda residen enormes montones de cráneos de antílopes tibetanos, y en cada chal *shahtoosh* vive el alma inquieta de este animal. ¿Cómo pueden los que venden o compran los chales no saber esto? ¿Cómo pueden no temblar y sentirse aterrados cuando llevan estos chales? ¿Pueden siquiera tener la conciencia tranquila?

Sonam Dargye, un defensor de los derechos de los antílopes tibetanos, fue asesinado, pero los asesinos ignoraban que, con ese acto de violencia que ellos consideraron un triunfo, también han matado su conciencia, destruido sus vidas presentes y futuras y cortado el lazo para la liberación y la sabiduría.

El sufrimiento de estos animales es solo un pequeño capítulo en la historia de la crueldad humana. Sin embargo, si se permite que este comportamiento salvaje continúe o se vuelva más prevalente, la destrucción de la Madre Tierra se producirá en un abrir y cerrar de ojos. ¿A cuántas personas les importa que los antílopes tibetanos y otros animales amenazados pronto se enfrenten a la extinción?

Los seres sintientes circulan siempre en los seis reinos, cambiando de una forma a otra. «Los molinos del cielo giran a ritmo lento pero seguro». ¿Quién puede decir con seguridad que su próximo destino no sea nacer como un animal? ¿Quién puede dejar de lado las consecuencias de las acciones positivas y negativas? Cuando los humanos no tienen límites para satisfacer las exigencias de un estilo de vida suntuoso, no podrán escapar de pagar un precio elevado.

También hay algunas noticias alentadoras. Las personas se están volviendo sensibles a la defensa de los derechos y la protección de los animales. Espero que la pradera del norte del Tíbet vuelva a poblarse de su antílope nativo y que este deseo sincero no sea solo el sueño del paraíso de un tonto.

27 de agosto

Ciudad natal

La gente tiende a tener apego sentimental a su ciudad de nacimiento. Una persona que vive en el extranjero durante muchos años desea regresar a su tierra; aquellos que han tenido éxito esperan un regreso glorioso a su país. Incluso el hombre corriente que no destaca en nada, o los perdedores que se sienten avergonzados de enfrentar a la gente al volver a casa, siguen declarando un afecto por su patria, diciendo: «Brisa gentil, por favor, envía mi amor profundo a casa». Este sentimiento nostálgico hacia el lugar de origen siempre estará ahí, sin importar cuán lejos viajemos.

A mí solo me basta con pensar en la pradera de Zong Ta que me ha dado vida y me ha nutrido para hacer que mi corazón se agite. Sus ríos y montañas verdes, «azules como el agua en los ríos de flujo permanente, azules como las montañas lejanas envueltas en la niebla», nunca dejan de despertar en mí una ensoñación sutil e indescriptible. Sin embargo, es precisamente este tipo de sentimiento el que deben abandonar las personas en el camino espiritual.

En una ocasión, Longchenpa le dijo a las generaciones futuras: «La ciudad natal es la prisión; hay que cortar el apego a ella». Aferrarse a ese lugar impulsa el ciclo perpetuo del samsara y trae consigo todo el sufrimiento. Hay un dicho que dice: «Vivir es reconocer tu verdadero rostro; no confundas un lugar equivocado con tu ciudad natal». La ciudad natal de esta vida es solo un alojamiento temporal para el cuerpo, una parada en el largo viaje del samsara. Un hombre con visión y sabiduría no dejará que el paisaje de este lugar donde nació bloquee la búsqueda de la liberación definitiva.

«La luna es más brillante en la ciudad natal», dice un poema. Pero, para un practicante, este lugar no se refiere a una ubicación geográfica en el mapa, sino más bien al corazón y hogar absolutos, el verdadero destino de nuestra mente, que es nuestra mente tal y como es. Hemos encontrado nuestro camino de vuelta a nuestra ciudad natal; ¿cuándo llegaremos allí?

28 de agosto

El verdadero ladrón

Una monja me ha informado con preocupación de que han robado en su casa. Al ver su expresión sombría, he intentado encontrar una manera de resolver sus problemas de inmediato y, al mismo tiempo, consolarla con temas más ligeros. Le he dicho que poseer una cosa es invitar a los problemas. Vivir en una casa vacía o no poseer nada no es necesariamente malo, y lo digo desde mi experiencia personal.

En una ocasión, alguien del extranjero me obsequió una tela exquisita y, cada vez que la veía sobre la mesa en su hermoso envoltorio perdía mi tiempo pensando en cómo darle el mejor uso. Esta situación se prolongó durante mucho tiempo, hasta que un día, la tela cayó en manos de un ladrón. Por extraño que parezca, me sentí aliviado cuando vi la mesa vacía.

Hasta hace no mucho tiempo, mi casa estaba atestada de toda clase de cosas, lo que me dificultaba encontrar información u objetos. Luego, me deshice de los libros y las «necesidades» diarias superfluas por el momento, mi habitación se volvió limpia y ordenada, y solté un profundo suspiro de alivio.

Por ahora, el ladrón asume la responsabilidad de ordenar nuestra casa por iniciativa propia. Deberíamos sentirnos agradecidos. Sin embargo, debemos cuidarnos de otro astuto ratero para que no seamos vulnerables a él: se trata del peligroso ladrón que son nuestras emociones deshonrosas. Los ladrones corrientes solo confiscan objetos pequeños y nos crean inconvenientes temporales para nuestra vida diaria, pero el ladrón de las emociones que nos afligen han puesto sus codiciosos ojos en la bendición que es nuestra liberación. Estas nos robarán la espada de la sabiduría, nos cegarán y nos arrojarán a la fosa del samsara. Sus males son demasiado numerosos para contarlo.

Por lo general, nos enfadamos tanto con los ladrones que nos han robado que nos descuidamos y no vemos a esas ladronas que son las emociones destructivas que se esconden ante nuestras narices. ¿Cuál causa más daño? Si respondemos de forma correcta, veremos cuál de los dos es el verdadero ladrón.

29 de agosto

La araña visitante

Al despertar, recordé la enseñanza de Mipham Rimpoché en *Alabanza de la ofrenda de luz a Manjushri*: ofrecer luz a la imagen de este *bodhisattva* es meritorio, así que encendí de inmediato las lámparas de mantequilla extinguidas. Mientras me preparaba para leer el *Journal of a Dream Trip to Ming Shan* ('Diario de un viaje soñado a Ming Shan'), vi de repente a una araña de gran tamaño tratando de trepar por la pared.

Conozco dos tipos de arañas: la que se ve con frecuencia en esta estación es la astuta «araña de verano», que construye su tela en una esquina y espera con paciencia a capturar a su presa; y la otra es la «araña de otoño», no carnívora, que se alimenta de tierra y heces y no es tan manipuladora como su prima de verano. Mi visitante era del segundo tipo, y decidí divertirme un poco con esa pequeña criatura: «¡Oye, vieja araña! Pareces muy ocupada, pero ¿en qué? Es hora de pensar en la impermanencia. El otoño se acerca y el hielo está ahí fuera en el suelo. Aunque se está caliente dentro de la casa, tus días están contados. El Señor de la Muerte pronto te reclamará. ¿Por qué estás tan despreocupada?».

Al oírme, la vieja araña se detuvo, levantó la cabeza y se burló de mí: «Aquí estás, el practicante pretencioso. ¡Siempre se te da muy bien hablar! ¿Por qué no te miras a ti mismo? A vosotros os salen canas en los templos, y vuestros dientes se aflojan. ¿Cuántas estaciones has pasado viendo a los gansos volando hacia el sur? ¿Cuántas veces el agua cálida de la fuente se ha convertido en hielo al tacto contigo? Sin embargo, no has practicado seriamente en absoluto.

Ahora, ¿crees que yo podría decir que sobresales en tu práctica sobre la impermanencia?».

Me he sentido susceptible y le he respondido: «¡Estás diciendo tonterías! Mira tu barriga; ¿qué has tenido que saquear para llenarla hasta el límite? Amiga, tú no te quedas atrás cuando se trata de codicia, odio e ignorancia. ¿Qué te hace ser tan pretenciosa?».

«Bueno, tengo una barriga grande, pero solo hay suciedad y heces en ella, a diferencia de vosotros, que acumuláis ofrendas o dinero dedicado a los muertos. Ni siquiera te preocupas por hacer las oraciones apropiadamente. ¿No crees que tu apetito es un pozo sin fondo?».

Esta discusión irritante me dejó sin palabras y avergonzado, y solo pude aliviar mi vergüenza con una sonrisa. Aunque era una criatura minúscula, no era para nada tonta y, quizás, tuviera más claridad mental que algunos hombres que se autoproclaman sabios. Deprimido, intenté poner fin a mi mal trago y dije de forma pretenciosa: «Como naces siendo una criatura pequeña, no sé cómo ayudarte. ¿Por qué no me permites recitar los nombres de los budas para ti? Solo oírlos genera méritos enormes, así que escucha con atención. El *Sutra del nirvana* dice: "Hay cuatro causas directas para alcanzar el nirvana: una, estar en compañía de amigos virtuosos; dos, escuchar cuidadosamente el Dharma; tres, recordar y contemplar las enseñanzas; cuatro, ponerlas en práctica"».

Al oír mis palabras, la araña ya no actuó mal, sino que emitió un largo y débil lamento y se posicionó con firmeza contra la pared como si estuviera lista para escuchar con toda su atención y expresar su gratitud.

Luego recité los nombres del buda Ushnisha, el buda Shakyamuni y otros budas y *bodhisattvas*. Después de descansar, la araña pareció encantada y trepó tranquila por la pared.

30 de agosto

Absorber la esencia

Hay demasiadas cosas de una profundidad formidable que necesitamos aprender en nuestra corta vida. Sutras y sastras budistas, ciencias mundanas, tecnología, informática, idiomas extranjeros y otras numerosas áreas de estudio. Aun haciendo el mayor esfuerzo, estudiando sin parar, leyendo sobre cada tema y memorizando innumerables libros, apenas podemos absorber una gota de agua del vasto océano de información.

En el estudio del budismo, tan solo llegar a conocer los cinco grandes tratados tomará unas cuantas décadas, por lo tanto, es crucial estudiar con maestros calificados para comprender los puntos esenciales de forma precisa. En *Poemas de instrucciones*, Jowo Atisha enseña: «La vida es corta, el conocimiento es ilimitado, y no hay manera de estudiar todo lo que queremos aprender en nuestra vida. El cisne encuentra el néctar en el agua y lo ingiere; del mismo modo, deberíamos encontrar la esencia vital entre la multitud de enseñanzas y seguirla con precisión».

En el budismo tibetano, los gelukpas toman como estudio central la *Alabanza al origen dependiente* escrita por Tsongkhapa, la práctica principal de los kadampas es la impermanencia, mientras que para los *nyingmapas* es la realización de la Gran Perfección. Cada practicante debe encontrar la formación más adecuada a su capacidad y concentrarse en ella con enorme esfuerzo.

El omnisciente Longchenpa enseñó una vez: «El conocimiento es tan infinito como las estrellas en el cielo; no hay fin para todos los temas que uno podría estudiar. Por lo tanto, mientras tengamos esta existencia humana, debemos apegarnos a la práctica que nos permitirá tomar la fortaleza del Dharmakaya».

En el poco tiempo que nos queda, ¿no es más crucial concentrarnos en la Gran Perfección, en el bendito linaje de mente sabia, y alcanzar la esencia de Tathagata Samantabhadra?

31 de agosto

Comparación

Un practicante poco aplicado, aun después de una larga estancia en un monasterio de gran reputación, tendrá logros mínimos en comparación con sus pares diligentes. *The Hundred Waves of Elegant Sayings* (*'Cien olas de dichos elegantes'*) explica:

Si simplemente se acumula conocimiento sin practicarlo, la mente no recibe ningún beneficio del Dharma.
Una roca sumergida en el agua durante cien años sigue siendo impenetrable y permanece seca.

Por otro lado, un practicante diligente acumulará una gran cantidad de mérito en un tiempo relativamente corto.

Hoy un lama Han me ha informado del resultado de su práctica reciente. En los últimos años, nueve meses y veintitrés días, ha realizado un millón de postraciones completas, memorizado muchas escrituras y ha cumplido su juramento de silencio casi todo el tiempo. También ha recitado un millón veces una oración a S. H. Jigme Phuntsok Rimpoché:

Desde el santuario del monte Wutai
las bendiciones de Manjushri entraron en tu corazón.
A los pies de mi gurú Jigme Phuntsok Rimpoché, ruego:
¡Que alcance la transmisión de tu corazón y tus bendiciones!

Cuando hizo sus votos hace más de un año, yo no le presté especial atención, pues muchas personas hacen promesas en mi presencia, pero después de un tiempo sus votos y textos acaban en altas estanterías llenándose de polvo. Si lo llegan a recordar más tarde, el momento los ha dejado atrás y la oportunidad ya ha pasado de largo. Por esa razón, suelo tener mis reservas sobre las promesas. Sin embargo, este lama ha seguido sus prácticas constantes, lo cual es infrecuente y admirable. Con tal determinación, ¿qué meta no se hará realidad?

Algunas personas se vuelven pretenciosas después de haber estudiado el Dharma durante años o haber recibido empoderamientos y transmisiones cuando, en realidad, aún no han completado una sola ronda de las quinientas mil pruebas preliminares, mucho menos haber alcanzado una cantidad tan grande en un año. Si uno no está dispuesto a sacrificar su tiempo libre para las prácticas, no tiene sentido hablar de beneficiar a los seres sintientes o generar *bodhichitta*.

El tiempo pasa deprisa. Mirando atrás, ¿qué hemos hecho durante este año, nueve meses y veintitrés días? ¿No nos sentiremos avergonzados al compararnos con este lama Han? A partir de ahora, aprovechemos bien cada día y no desperdiciemos más tiempo.

1 de septiembre

Sentimiento otoñal

El verano ha pasado, y un viento cortante y las heladas dañan a las frágiles flores y despojan al prado de su vigor. A pesar de ser consciente del cambio de estación, mi adoración por el verano persiste y me ha llevado, una vez más, al campo de Jin Ma, cerca de la capital del condado. Imaginé que, por mi sinceridad, el cielo podría conmoverse y prestarme un lazo mágico para amarrarle los pies fugitivos al verano.

Me acompañaban Chime Ridgzin y Ngorba, quienes compartían mi deseo. El día fue bendecido con un cielo de azul profundo, como un zafiro impecable, por lo que no es de extrañar que los grandes sabios de la antigua India usaran el cielo de otoño para describir la claridad de la mente. El cielo y la tierra se extendían sin límite entre sí hasta donde alcanzaba la vista, un escenario perfecto para recitar esta frase apasionante: «El río de otoño comparte un tono transparente con el cielo inmenso».

Me ha llamado la atención una pila de rocas esculpidas con el mantra Mani, lo que me ha llevado de vuelta a la niñez, cuando pasaba el día tallando el mantra en rocas. Noté una pieza con un grabado muy profundo; quien lo haya hecho debió de haberse esforzado mucho. ¿Le habrán salido ampollas en las manos como a mí? ¿Se le habrán agrietado mucho? ¿Congelado?

Algunas flores pequeñas aún seguían erguidas y cubrían el campo reseco con una tenacidad digna de admiración, y las mariposas de colores brillantes bailaban entre ellas, tranquilizando nuestros corazones tristes por la impermanencia. Los peces, ajenos a los cambios del entorno, seguían nadando ociosos, y me han inspirado el deseo de usar mi calor corporal para mantener los arroyos cálidos y evitar que los seres acuáticos sufran el cortante frío. La madre naturaleza me recuerda que la vida no es más que una gota de rocío sobre una hoja de loto, y los buenos tiempos se acabarán inevitablemente. Ante esta lección inmensa de impermanencia, di un largo suspiro:

Las flores rebosantes de color, que aparecen a mediados del verano,
están destinadas a secarse y desaparecer en otoño.
Las abejas y las mariposas de danzas gráciles,
¿pueden soportar unos días de heladas y viento cortante?
Desperdiciar la vida en el mejor momento
pronto trae un profundo remordimiento por la juventud perdida.
Todos los fenómenos son impermanentes por naturaleza.
¡No esperéis más y atesorad cada minuto de la vida!

2 de septiembre

Cuidado atento

Hoy en clase, nuestro venerado maestro ha mencionado que un monje dedicado y diligente había caído enfermo y no tenía dinero para el tratamiento médico. Rimpoché nos ha pedido que ayudáramos a este monje y nos ha dicho que surgen muchas dificultades en la búsqueda espiritual, que él mismo las había experimentado durante sus días de estudio en Shiqu. Ofrecerle apoyo a alguien que lo necesita es más importante que ponerle la guinda al pastel cuando hay comida en abundancia. Rimpoché nos ha dicho que, cuando había menos personas, siempre hacía lo que podía para ofrecer ayuda material al *sangha*, pero como Larung ha crecido mucho, ya no es capaz de hacer tanto como quisiera para ayudar a todos.

Después de que escucháramos al maestro, este monje bendecido por él, sin duda, recibirá el apoyo de muchos de nosotros. Cuando el estudiante recibe cuidados y ayuda del maestro durante la adversidad, la gratitud que brota en su corazón es profunda y perdurará en él durante mucho tiempo. Ya estoy familiarizado con esta clase de sentimiento.

En 1984, llegué aquí con pocos recursos. Mi vida fue dura, ya que mi familia, escéptica, no me proporcionó ayuda financiera. Entonces, Rimpoché me permitió asentarme temporalmente en una habitación cerca del salón del Dharma del lama, en donde solía tener cabras. A su regreso de Xinlong, también me dio cincuenta yuanes, que para mí era una suma colosal, ya que yo no tenía dinero en aquel entonces. Viví allí durante un tiempo considerable.

Al acercarse Losar, el Año Nuevo tibetano, la gente hace sus compras festivas y luego se reúne para celebrar, y yo, como novato en una tierra extraña, solo tenía una pequeña bolsa de *tsampa* y no tenía a dónde ir. Intenté olvidar mis sentimientos dedicándome a la lectura, pero las palabras monótonas perdieron la capacidad de penetrar en mi mente. Entonces, desesperado, caminé hacia la colina opuesta. Las personas paseaban felices a los pies de la colina, y resonaban las risas alegres, pero todo me parecía muy lejano; mi soledad persistía y me seguía a cada paso. De repente, una figura familiar me llamó la atención, y vi a lo lejos a Ani Mundron, la hermana menor de nuestro maestro, que se dirigía hacia la habitación donde me alojaba con un tazón en las manos. Luego, salió sin el tazón. Sentí curiosidad y aceleré mis pasos para volver allí. En cuanto abrí la puerta, una bandeja llena de bollos y pastelitos fritos me dieron una cálida bienvenida.

¡Dios mío, la bandeja estaba llena a rebosar! Mis ojos se llenaron de lágrimas. ¡Podría disfrutar de una suntuosa comida de Losar! Lo que recuerdo no son los pastelitos fritos y los bollos al vapor, sino lo más importante: la bondad amorosa y el cuidado de nuestro maestro. Aquel día, invité a un lama llamado Ridgzin Nyingma para compartir semejantes delicias conmigo. Aunque los dulces desaparecieron en pocos días, la amabilidad de Rimpoché me sustentó a lo largo de ese período tan difícil y embarazoso.

3 de septiembre

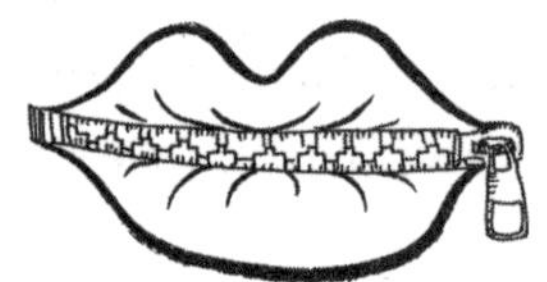

Sobre el silencio

A muchas personas les gustaría dominar el arte de la conversación. Trabajan con avidez en las habilidades de la comunicación verbal, con la esperanza de aplicarlas algún día para ganar la aprobación y la admiración de la gente. Sin embargo, pocos saben que las palabras a menudo conducen a un gran desastre.

Un proverbio antiguo advierte: «De la boca sale el mal. Los labios son las puertas de la boca. Apretar los labios evita el mal». Las palabras son como el viento: se mueven sin pies y vuelan sin alas. Los comentarios inapropiados son imposibles de retirar. No es de extrañar que los sabios hayan señalado: «Temed cuando tengáis que hablar; tened cuidado cuando hayáis hablado, como si estuvierais ante un peligro extremo». Sería mejor que nos selláramos los labios para que no se escape nada que pueda causar problemas.

Por lo general, las palabras escritas son precedidas por una reflexión cuidadosa; por el contrario, las palabras habladas a menudo son seguidas por una evaluación tardía sobre su pertinencia. El dicho «El pensamiento viene antes que la escritura, pero la sabiduría nace después de hablar» es una observación acertada hecha por los sabios antiguos.

Como practicantes espirituales, deberíamos, ante todo, controlar nuestras mentes y abstenernos de hablar de las cualidades de los demás con rigurosidad. Podemos hablar con suavidad y de forma apropiada para llevar a las personas al camino espiritual. En otras ocasiones, deberíamos mantener nuestra boca cerrada. La taciturnidad no es la señal de un tonto, sino que es la elocuencia la que enseguida pone en evidencia la banalidad de las personas. El *Sutra de Vimalakirti* dice: «Custodia tus pensamientos como si protegieras una ciudad; aprieta tus labios como si sellaras un jarrón». Los humanos nacen con dos oídos, pero solo una boca, lo que significa que deberíamos escuchar más y hablar menos.

Deberíamos abstenernos de hacer comentarios irresponsables cuando no sabemos qué decir. El silencio es siempre la mejor palabra.

4 de septiembre

Programa diario

Soy una persona codiciosa. Los principales objetos de mi codicia son los libros y las enseñanzas del Dharma, y paso la mayor parte de mi tiempo con ellos. Cada mañana a las cuatro me levanto de mi acogedora cama y, después del ritual de realizar ofrendas y recitaciones, me preparo para mis lecciones con los textos *Encontrar descanso en la naturaleza de la mente (The Great Chariot: A Treatise on Finding Comfort and Ease in the Nature of Mind)* y *Tesoro de las instrucciones esenciales*. También reviso la traducción de la enseñanza de nuestro maestro en el *Sutra de los sabios y los necios*. A las cinco, después de un aseo rápido, como una pequeña sopa de *tsampa* para recuperar mi energía casi agotada y, luego, arrastro mi cuerpo reticente fuera de la casa y camino hacia el aula.

Por la mañana, enseño entre las seis y las ocho; luego, de ocho a ocho y media es tiempo para las visitas. Todos los días, largas filas de personas llegan con infinitos pesares y alegrías que quieren compartir conmigo, y cada una de ellas alegra o entristece mi corazón sensible. A menudo, no puedo extender como me gustaría el tiempo de visitas para satisfacer mejor las necesidades de todos. A continuación, hago un tratamiento médico de media hora: mi mezquina espalda me consume un valioso tiempo. Al terminar, apenas puedo leer algo antes de que llegue la hora de la traducción simultánea del *Sutra de los sabios y los necios*, que se extiende hasta las once y media de la mañana. Solo entonces puedo volver a casa para relajarme.

Después de comer, comienzo mis traducciones y escrituras diarias. La traducción actual es de *Guirnalda de joyas de un retiro en la montaña* de Tulku Zagar, *The Journey to the Pure Land of Padmasambhava* ('Viaje a la Tierra Pura de Padmasambhava'), la parte tántrica de *The Great Chariot: A Treatise on Finding Comfort and Ease in the Nature of Mind.* Mi escritura incluye *Dispelling the Wrong Views* ('Disipar las visiones erróneas') y mi diario, *Glimpses from a Spiritual Journey* ('Destellos de un camino espiritual'), pero me he estado retrasando con las entradas diarias y, por lo general, lo hago un día después de lo debido. Cada vez que me detengo en el patio durante más de diez minutos, siento remordimientos por perder demasiado tiempo y, a menudo, cierro mi puerta y desconecto el teléfono para evitar las interrupciones innecesarias. Después de terminar mis recitaciones diarias, por fin, puedo recostarme a las diez y media de la noche para sumirme en un sueño agradable y relajante.

Mis horarios estrictos no me dejan tiempo para saborear las numerosas delicias con que me agasajan. Quiero dárselas a otras personas y, sin embargo, tampoco tengo el tiempo para eso, así que debo observar con impotencia cómo el alimento llega a la fecha de caducidad y se deteriora. Algunas personas pueden considerar que estoy demasiado centrado en mí mismo, pero al pensar en que estos libros sobre el Dharma seguirán beneficiando a otros seres después de mi partida, no puedo detener el ritmo de la traducción y la escritura.

5 de septiembre

Celos

Los celos son un mecanismo muy extendido y destructivo de la mente. Las mujeres son celosas de la belleza de las demás; los hombres ven con amargura el poder de otros; los niños envidian a quienes tienen los juguetes que ellos desean, y los espíritus hambrientos anhelan la comida en la mano de otros. Los celos tienen todas las formas y tamaños. Los sabios han señalado: «El arma dispara contra el ave que vuela por encima de los demás. Las tormentas y el viento azotan los árboles más altos del bosque. El agua que corre nivela la tierra que se ha acumulado en las riberas del río. Otros se burlarán del hombre que se levanta por encima de sus semejantes». Estas afirmaciones profundas valen para todas las épocas.

En la literatura mundial, Otelo, el protagonista de la obra homónima de William Shakespeare, sospecha que su esposa lo ha traicionado. Enfurecido por los celos, la asesina a ella y a su rival imaginario y luego se suicida. Otro ejemplo es el legendario general chino Zhou Yu, quien, en la cúspide de su éxito, se sentía visiblemente confiado:

Con una capucha de seda y un abanico de plumas en la mano,
audaz y radiante, ríe y bromea con su hermosa novia,
y ve sus barcos enemigos destruidos tal y como había planeado.

Sin embargo, y a pesar de sus éxitos, Zhou Yu llegó a envidiar tanto al exitoso estratega Zhuge Liang que no paraba de lamentarse: «¿Por qué Liang tiene que estar en este mundo junto con Zhou?».

Al final, murió deprimido. Estas muertes trágicas son lamentadas generación tras generación, pero ¿cuántos pueden afirmar que ellos mismos no tienen alguna semejanza con Otelo o Zhou Yu?

Ni siquiera los practicantes espirituales son inmunes a los celos. Sentimos cómo se mueven en nuestros corazones gusanos invisibles cuando vemos a otros rodeados de discípulos que los adoran, que tienen la estima y el favor del maestro, o son reconocidos por tener preceptos perfectos, sabiduría o realización superiores. Además, en las personas de espíritu mezquino, que no pueden tolerar los dones y las virtudes de los demás, estas emociones pesadas se transforman en odio y pueden desencadenar ataques a la reputación del objeto de su envidia. Tales agresiones destruyen, cuanto menos, a ambas partes. Es probable que el perpetrador se convierta en el hazmerreír de los demás después de quedarse sin más planes que los de perjudicar a los otros y fracasar en ello miserablemente. Es esencial comprender que, en el campo de batalla de la envidia, no hay botín del que apoderarse, solo ruinas. Siendo así, ¿por qué seguimos atrapados por los celos?

Los celos son el demonio más temible, que devora nuestro razonamiento. Son un infierno que quema todas las semillas de la sabiduría. Son el sol ardiente que seca la fuente de la compasión. ¡Es mejor que nos enfrentemos a este origen de todos los males y lo aniquilemos antes de que nos destruya!

7 de septiembre

Limpieza

Todos compartimos la responsabilidad de proteger el medio ambiente en el que vivimos. Nadie puede quedarse al margen en este asunto, permanecer indiferente. Ya sea que lo veamos como una cuestión nacional, familiar o personal, la higiene y la limpieza nos afectan a todos directamente.

Algunos urbanitas se preocupan demasiado por la higiene y el cuidado personal, y dedican entre tres y cuatro horas diarias a limpiarse el cuerpo o aplicarse maquillaje. ¡Es una vergüenza perder tanto tiempo valioso! Mientras tanto, algunos practicantes llegan al otro extremo: consideran que la limpieza es una tarea que consume demasiado tiempo, así que dejan los platos y la ropa sucios, tienen el cabello y el rostro descuidados, y las casas y las habitaciones del santuario desordenadas y cubiertas de polvo. Con esto creen que han alcanzado un alto nivel de entendimiento. De hecho, no solo arriesgan su salud, sino que se muestran escépticos sobre la importancia de la higiene.

Si eres un yogui que practica solo en un lugar aislado, puedes hacer lo que quieras. Sin embargo, si no has alcanzado el estado único de igualdad y pureza o si aún vives e interactúas con otros en la vida mundana debes tener cuidado. Los preceptos del Vehículo Básico y las prácticas *vajrayana* de la tantra kriya enfatizan las abluciones diarias y la buena higiene. Prestar atención a la limpieza es beneficioso para nuestra práctica y salud.

La Academia Larung es una gran familia con miles de miembros, y el valle es un lugar sagrado, donde los sabios han meditado a lo largo de los siglos. Debemos tener especial cuidado para proteger el medio ambiente de Larung, de modo que sea el lugar ideal para que todos estudien, reflexionen, mediten y absorban el néctar del Dharma con plenitud. Por supuesto que, entre todas las prácticas para mantener la limpieza, la más crucial es la del corazón.

Aunque nuestra casa esté impecable y nuestro cuerpo, limpio y bien vestido, debemos mirar siempre hacia dentro para comprobar si hemos limpiado nuestro interior. Debemos saber que mantener nuestro corazón prístino es la forma de higiene suprema.

10 de septiembre

Bosques profundos

El paisaje al que alude el poema «Los bosques de arces son espléndidos durante el crepúsculo, así que detuve el carruaje para saciar la vista» siempre me despierta un sentimiento de devoción. Y me gusta la representación de los bosques solemne, melancólica y en tonos profundos que hace el pintor paisajista ruso Iván Shishkin. Siempre disfruto de los bosques exuberantes de tonos turquesas, enmarcados por el cielo azul, y de las cumbres cubiertas de nieve a lo lejos.

Innumerables buscadores espirituales alaban los bosques de montaña. Allí, el aire fresco, las hermosas flores, los arroyos limpios y la luz brillante de la luna no están corrompidos por las disputas y la agitación del mundo y nos proporcionan un lugar ideal para el crecimiento espiritual. Cuando las personas cosmopolitas se sienten agotadas física y mentalmente, a menudo buscan en los bosques el alivio a sus preocupaciones y el descanso para sus cuerpos y mentes cansados.

El nacimiento, la iluminación y el nirvana del buda Shakyamuni se manifestaron debajo de los árboles, lo que significa que el árbol tiene conexiones favorables e inconmensurables con el progreso espiritual. El *Sutra de Avatamsaka* dice: «Singular es el árbol frutal de la sabiduría, con raíces profundas; adornado con cualidades crecientes, las obras de *bodhisattvas* que dan refugio a los seres de los tres mundos». El *Sutra on Rules of Excellent Intention* ('El sutra sobre las reglas de la intención suprema') también afirma: «Buda le dijo a Maitreya que el *bodhisattva* y sus discípulos deberían adoptar estos cuatro modos... y el tercero: siempre disfrutar de sentarse o dormir en el bosque».

Cuando practicamos en el bosque, deberíamos tomar un descanso después de largos períodos de meditación o lectura. Mover nuestros ojos y mirar a los árboles verdes ayudará a refrescar nuestra mirada y aliviar la fatiga corporal. El bosque nos permite limpiar la mente y desechar la basura mental, revelando así nuestras mejores cualidades, tan inmaculadas como la luz de la luna.

Como buscadores espirituales, somos más que amantes de los bosques profundos. Debemos cultivar el bosque del mérito de la sabiduría. ¡Ojalá pronto nos convirtamos en garudas de espíritu libre, despleguemos nuestras alas y volemos sobre este bosque virtuoso de sabiduría!

11 de septiembre

Preparativos

Una persona inteligente debe prepararse para el futuro. Si quieres construir una casa, debes conseguir permisos de construcción, arquitectos y contratistas, materiales para la construcción y demás. Si planeas viajar al extranjero, debes tener tu pasaporte y visa. Del mismo modo, como practicantes del Dharma, debemos prepararnos para nuestra muerte. Shakespeare dijo: «La culebra sisea donde las aves dulces cantan». Ahora, estamos viviendo felices nuestras interesantes vidas, pero la muerte vendrá en cualquier momento. Aquellos que han alcanzado la realización se sienten seguros de que podrán afrontar la muerte. Sin embargo, para la mayoría de nosotros no es así. Entonces, ¿qué deberíamos hacer?

En *Teachings on the Pure Land* ('Enseñanzas sobre la Tierra Pura'), Mipham Rimpoché ha dejado una lección valiosa que es muy relevante para todos nosotros en estos días:

> *Al generar fe y aspiración fuertes en el buda Amitabha y su tierra de forma constante, un practicante veterano de la Tierra Pura renacerá en la Tierra Pura de la gran dicha. Además, el mismo resultado puede alcanzarse incluso en el lecho de muerte, si la persona moribunda escucha el nombre del buda Amitabha e invoca un intenso deseo de renacimiento. Esto se hace posible gracias a los poderosos votos del buda Amitabha y a la conciencia más sensible, que se vuelve muy receptiva a los mandamientos cuando muere y en el estado de bardo. Con la bendición pura de*

los votos del buda Amitabha, la persona renacerá de inmediato en su Tierra Pura al invocar su nombre. Por lo tanto, es crucial familiarizarse con estas lecciones y aplicarlas en la vida, en el momento de la muerte y en el bardo.

¡Cuán afortunados somos nosotros los perezosos de escuchar la instrucción más verdadera y poderosa! Si podemos tener claridad mental e invocar al buda Amitabha, incluso un instante antes de morir, tendremos la oportunidad de atrapar el salvavidas que conduce a la Tierra Pura de la gran dicha. ¡No lo dejéis pasar, sin importar lo que pase!

12 de septiembre

Vergüenza

Todas las mañanas a las ocho recibo visitas para consultas durante media hora o más, y me resulta difícil evitar que mi corazón sensible fluya de acuerdo con las alegrías y dolores de los visitantes.

Hoy un incidente me ha hecho sentir bastante avergonzado. Entre mis visitantes, había una intelectual recién ordenada, que suplicó a los demás de la fila que le permitieran un instante privado conmigo. Cuando se pusieron de acuerdo y se retiraron, ella me entregó un sobre y me dijo:

—Como una persona recién ordenada, no estoy familiarizada con las reglas de aquí y espero no estar cometiendo ninguna infracción. Pero tengo una petición que deseo que me conceda.

Cuando le respondí de forma afirmativa, ella continuó:

—Después de haber leído ayer su artículo «El mérito de liberar criaturas capturadas», he llegado a entender que la vida es lo más preciado para cualquier ser de este mundo. Como practicantes de *mahayana*, deberíamos reducir nuestras necesidades diarias, como la comida y la ropa, por el bien de la vida de otros seres. No tengo mucho dinero, excepto estos tres mil yuanes destinados a pagarme un lugar donde vivir, pero ahora he decidido abandonar ese plan y ofrecer este dinero para la liberación de seres vivos. Mientras tanto, si no es demasiado problema, ayúdeme a encontrar un refugio temporal. ¿Sería esto posible? Un pequeño lugar para protegerme de los elementos sería suficiente.

—Tienes que pensarlo con detenimiento. Me temo que no puedo encontrar una casa temporal para ti ahora. Si entregas este dinero, ¿no tendrás dificultades financieras en los próximos días?

—Exploraré otras posibilidades para vivir. En cuanto a mis gastos, los cincuenta yuanes mensuales deberían cubrir mis necesidades diarias. No, no me arrepentiré de mi decisión. Por favor, ayúdeme a cumplir mi deseo.

Al sentir la firmeza de su determinación, acepté el sobre abultado que contenía el dinero en efectivo que beneficiaría a muchas vidas. Sin embargo, mi corazón se hundió como una piedra cuando pensé en los duros meses de invierno que soportaría sin un abrigo cálido y un lugar para vivir. Me mordí los labios y escribí cuatro palabras en el sobre: «Fondo para salvar vidas».

Mientras observaba cómo se alejaba, una sensación de vergüenza me invadió. He estado hablando en las clases y en mis libros de que debemos hacer nuestro mejor esfuerzo para beneficiar a los seres sintientes sin interés propio. Sin embargo, ¿he abandonado yo mis necesidades y he logrado algo que ayude a los demás? ¿No he estado repitiendo sin más y comportándome como un simple loro?

Entonces, recordé un viejo proverbio:

Podría decirse que una persona es sorda si escuchar de buenas obras no suscita admiración en ella.
Podría decirse que una persona es ciega si ver buenas obras no suscita respeto en ella.
Podría decirse que una persona es estúpida si no dice lo que sabe que es correcto.

Soy una persona completa con cinco sentidos. ¿Cómo no podía sentir admiración y respeto por una obra tan buena? ¿Cómo puedo permanecer en silencio y no sentirme avergonzado? Todos los días doy lecciones a los demás, pero hoy he recibido una lección de otra persona.

13 de septiembre

Vengador implacable

En mi entrada de agosto «Noticias devastadoras», he mencionado la muerte repentina de Sangye Rangpo. Su hermano menor, con la intención de vengar su muerte, ha descuidado sus responsabilidades familiares y va por ahí armado, poseído de una furia a punto de explotar en cualquier momento. Ha estado deambulando durante más de un mes en busca del asesino, sin preocuparse por el clima o su propia hambre. Frustrado día tras día, está perdiendo la cabeza, y su ira arde cada vez con mayor intensidad. Cualquier gota de paciencia que conservara se ha evaporado, y está totalmente dominado por la furia. Si consigue encontrar a su enemigo, no perderá el tiempo y lo hará pedazos.

Para aliviar su amargura, decidí hablar con él. Sin embargo, mi confianza en que podría persuadirlo desapareció cuando vi sus ojos furiosos cara a cara. De todas formas, movido por mi sentido de responsabilidad, me armé de valor y le dije: «Sabes que una persona muerta no puede ser resucitada. No sirve de nada llorar por la leche derramada o por un espejo roto. Todos los asuntos mundanos están predestinados por el karma, y lo que ha sucedido entre el asesino y tu hermano ha sido el resultado de sus conexiones desafortunadas. Si le asesinas, solo acumularás más pecados sin hacer nada bueno por tu hermano. Por favor, sé abierto y misericordioso y deja esta disputa familiar atrás».

Al escuchar mis palabras, respondió con obstinación y determinación: «Mi hermano mayor era la persona que más quería. ¡Ni un millón de yuanes valen lo que un dedo de él, mucho menos su vida! Si no puedo vengar la muerte de mi hermano, jamás podré vivir con la cabeza en alto en mi ciudad natal. ¡Aunque me empobrezca o quede completamente arruinado, debo vengarme!». Al parecer, ha olvidado todas las lecciones sobre vidas pasadas y futuras y sobre las leyes kármicas. No hay esperanza de hacerlo entrar en razón ahora; solo los embates del tiempo pueden desgastar su enemistad y restaurar su razón.

En la pradera, un viajero solitario pasea a lo largo del día. ¿Cuándo alzará la vista para ver el cielo azul sobre su cabeza y dejar que su mente se vuelva igual de amplia y espaciosa?

Algunas personas pueden considerar a este vengador como heroico o valiente porque está dispuesto a sacrificar todo por el bien de su hermano amado. Sin embargo, esta es precisamente la trampa que atrapa a los tontos aferrados al mundo terrenal. Las relaciones mundanas cambian de un momento a otro y, en esta vida, las personas cometen malas obras con tal de complacer a esos seres queridos. Pero ¿quién puede decir qué relación tendremos unos con otros en las vidas futuras?

Hay un dicho:

Come la carne de su padre mientras golpea a su madre.
Abraza a un enemigo que una vez lo mató.
La esposa raspa los huesos de su marido.
Los dramas del samsara son absurdos.

De hecho, para los ojos de los sabios, ¡las personas mundanas han estado siendo partícipes una y otra vez de dramas ridículos!

15 de septiembre

Educación compasiva

El entorno en el que un niño crece puede moldear su futuro carácter. Por ejemplo, una persona criada en un ambiente amoroso desde una edad temprana tendrá un corazón cariñoso, naturalmente. Una persona expuesta al respeto de las Tres Joyas desde la infancia tendrá un corazón lleno de fe y devoción. Las mentes de los niños son flexibles y responden a influencias saludables y positivas.

El 9 de septiembre de 1999, Thupten Norbu Rimpoché fundó una escuela primaria en Guoluo, Qinghai. Desde entonces, esta ha sorteado muchas dificultades para mejorar su programa educativo de forma constante, ampliar su plan de estudios y actualizar el equipo y las instalaciones. Ahora la escuela cuenta con noventa y ocho estudiantes y dieciséis profesores.

Todos los días a las seis y media de la mañana, la música melódica de *Taking Four Refuges* despierta a los niños para que comiencen su día. Una vez que salen de la cama, forman una fila ordenada y, con las manos unidas, se inclinan hacia las Tres Joyas, «toman refugio», despiertan la aspiración y circunvalan el santuario tres veces. El aseo comienza a las siete de la mañana. Luego, van al salón principal, buscan sus asientos y cantan al unísono con las manos juntas:

El maestro insuperable es el valioso Buda,
el protector insuperable es el valioso Dharma,
la guía insuperable es el valioso Sangha.

Hacemos ofrendas a las fuentes supremas de refugio,
las Tres Joyas.
Que nosotros y todos los seres en todas las vidas
no nos apartemos nunca de las Tres Joyas.
Al hacer ofrendas a las Tres Joyas sin cesar,
que todos puedan ser alcanzados por sus bendiciones.
Por esta virtud pura y excelente,
que todos los seres cumplan la acumulación de sabiduría
y mérito.
Por la perfección de las dos acumulaciones,
que todos alcancemos las dos kayas puras y excelentes.

Después del desayuno, las clases diarias comienzan a las ocho de la mañana. Las asignaturas principales incluyen lectura y escritura de chino y tibetano. Después del almuerzo y un descanso, el programa de la tarde se reanuda a las dos. La cena es a las seis, el horario de estudio a las siete, y la hora de acostarse a las nueve. Los maestros supervisan todas las actividades y solo después de que cada estudiante se haya asentado se retiran a sus habitaciones.

Estos estudiantes son huérfanos o hijos de familias de bajos ingresos, y en sus nacimientos pueden haber sido desfavorecidos o desafortunados. Sin embargo, reciben unos cuidados y una educación que compiten o incluso superan a los de niños nacidos en circunstancias más privilegiadas.

Los niños criados en un entorno así, llenos de amor, respeto y devoción, son como semillas dotadas de fuerza vital. En el futuro, sin duda, plantarán y propagarán más semillas de amor, respeto y confianza en todo el mundo.

17 de septiembre

Consejo sincero

Un monje me ha pedido que le aconsejara. Cohibido, le he dicho: «Soy un monje corriente, todavía acechado por un karma pesado y aflicciones mentales. Ni siquiera poseo las cualidades completas de un buen estudiante del Dharma. ¿Cómo podría transmitirle enseñanzas dignas?». Sin embargo, mi respuesta no lo ha desalentado y ha insistido hasta que me rendí y, bajo riesgo de sobreestimarme, he conseguido decirle lo siguiente con toda sinceridad:

¡Honro a los gurúes y yidams!

Si deseamos alcanzar logros, siempre debemos rezarles a las Tres Joyas. Los yidams son la raíz de todos los logros; por lo tanto, medita con atención sobre tu deidad elegida. Los protectores del Dharma son las raíces de la actividad que disipa obstáculos; por lo tanto, hazles ofrendas constantes. Para practicar con éxito, debemos seguir a los amigos espirituales durante años y meditar sobre la impermanencia en soledad. Podemos mantener nuestra práctica cuando nos proporciona comida y ropa, con condiciones favorables, o cuando tenemos buen estado de ánimo. Pero nuestros esfuerzos suelen agotarse en cuanto necesitamos comida y ropa, estamos de mal ánimo o el clima se vuelve demasiado caliente o frío. Peor aún, podríamos dejar de practicar completamente. Esa es la mayor debilidad de la mayoría de los practicantes.

Para un adepto, toda circunstancia es propicia para la práctica; para un practicante, todo es un obstáculo. La actitud determina cómo nos tomamos las cosas. Existen ochenta y cuatro mil maneras de practicar, y hay una adecuada para cada buscador, sea cual sea su necesidad.

Debemos confiar en maestros espirituales auténticos y servirlos de corazón y con respeto; al complacerlos, recibiremos instrucciones tántricas esenciales. Cuando practicamos con seriedad y con fe inquebrantable, las bendiciones de los maestros del linaje de la mente, por fin, entrarán en nosotros, y nos daremos cuenta de la naturaleza de la mente.

La riqueza de la Gran Perfección es incomparable con todas las riquezas del mundo, y esto solo es comprensible cuando tenemos convicción y experiencia personal. Cuando permanecemos en la Gran Perfección, nuestra mente permanece calma como un mar sin olas, incluso si hay tormentas violentas fuera, si el mundo está atormentado por la guerra o las plagas, aunque las bestias y las inundaciones acechen o millones de personas nos manipulen.

El monje tomó notas rápidas mientras escuchaba y salió satisfecho. Aunque pude haber dicho algo inútil, fue mi consejo sincero. Aquí estoy, escribiendo los detalles, con la esperanza de que este consejo pueda beneficiar a alguien más.

19 de septiembre

Doctrina budista

El mundo ha sido testigo del surgimiento de cosas extrañas o fantásticas a lo largo de los siglos. En la era actual, la ciencia y la tecnología han introducido nuevas tendencias, invenciones, así como conceptos e ideas en constante cambio. Muchas tradiciones están siendo sujetas a más escrutinio que nunca. Algunas creencias y religiones tradicionales enfrentan crisis de identidad o no siguen los avances de los tiempos, por lo que quedan estancadas. Sin embargo, otros responden de manera diferente. Cuando las olas golpean la orilla y lavan la arena, el oro auténtico se vuelve aún más espléndido; de la misma manera, el budismo brilla todavía más bajo el asedio.

En un principio, los eruditos occidentales curiosos investigaron el budismo de una manera quisquillosa. Sin embargo, después de llevar a cabo estudios teológicos, psicológicos y científicos exhaustivos, no han podido encontrar ningún defecto en la doctrina budista. En su lugar, el budismo ha demostrado ser revelador y ofrecer soluciones a muchos de los enigmas que les preocupan desde hace tiempo. Han descubierto que aplicar los conceptos budistas a la terapia clínica, a los centros de cuidado y a otras áreas daba resultados notables. Por lo tanto, se han sentido obligados a adoptar una nueva postura en la investigación de esta sabiduría antigua.

Su investigación ha concluido en que el budismo no es una simple creencia religiosa, como se pensaba antes. Más bien, es un estudio de la mente que reúne la filosofía, la ciencia, la medicina, la literatura y muchas otras disciplinas. De hecho, la sabiduría del budismo es incomprensible para la mente humana. La doctrina budista se eleva alto con una visión majestuosa y un aire imponente. Al igual que el fabuloso Shangri-La, se ha manifestado majestuosamente ante los occidentales y los ha deslumbrado, hasta que, sorprendidos y asombrados, abandonaron sus opiniones prejuiciosas previas para aceptar o incluso identificarse con las perspectivas budistas.

En el *Sutra Ghanavyūhade* (*Dense Array Sutra)*, el Buda dice:

> *¡Ah, monjes! Así como un orfebre prueba el oro frotándolo, quemándolo y cortándolo antes de comprarlo, vosotros también debéis examinar mis palabras antes de aceptarlas, y no hacerlo solo por respeto a mí.*

El proceso clásico para distinguir el oro auténtico de los minerales falsos implica dieciséis rondas de fuego y fricción, además de exámenes y análisis detallados. Buda nos exhorta a aplicar un método de autenticación tan riguroso como este a sus enseñanzas y nunca nos ordena someternos al poder o a la autoridad por respeto ciego. En la formación budista, los fenómenos se analizan de tres maneras: por percepción directa, por inferencia y por autoridad de las escrituras, lo que coincide con la metodología científica o incluso la supera en algunos aspectos. La máxima budista «del vacío, todos los fenómenos surgen de forma interdependiente» sobrevivirá eternamente, como el oro puro, a las pruebas del fuego ardiente.

En esta era de avance científico, las personas sabias pueden abrazar todas las posibilidades con una visión amplia, en lugar de volverse complacientes y confinarse en la oscuridad de los prejuicios, minimizando lo que les resulta incomprensible. ¡Abrid bien las ventanas cerradas; una escena primaveral hermosa y brillante os dará la bienvenida!

20 de septiembre

Fiesta del Medio Otoño

Hoy es la Fiesta del Medio Otoño, cuando la gente piensa más en la luna, lo cual es natural, puesto que se dice que esta noche es cuando estará más llena, más brillante y espléndida. Cuando la luna llena emerge en lo alto del oscuro cielo, las nubes desaparecen, y es costumbre que las familias se reúnan para contemplar y disfrutar de su belleza. Esta tradición, a la que se le suman las leyendas asociadas con la luna (el vuelo de lady Chang a la luna; cuando Wu Gang corta el laurel y Jade Hare prepara las medicinas celestiales), da a este festival un toque romántico. Según el Libro *de los ritos de Zhou*, concretamente en el volumen sobre la primavera, en la dinastía Zhou, hace miles de años, la costumbre de «recibir el invierno», «ofrecerle ropa abrigada» y «honrar a la luna» se realizaba a mediados del otoño. Se dice que la costumbre de comer pasteles de luna durante el festival comenzó durante la dinastía Yuan. En aquel entonces, Chu Yuan Chang llevó a los han a resistirse a la tiranía de la dinastía Yuan, y ocultaba mensajes en los pasteles de la luna que las personas intercambiaban como regalos festivos. Finalmente, Chu logró instaurar la dinastía Ming.

Para quienes seguimos el camino del Dharma, ninguna tiranía es más grande que las emociones que nos aquejan, y expulsarlas es, en cierto modo, nuestra revolución contra la tiranía. En 1995, les ofrecí como obsequio a los practicantes *Treatises on Thirty Pieces of Advice* ('Treinta consejos de corazón') algo que, tal vez, haya sido mejor que los pasteles de luna. Este año, les ofreceré la reciente traducción de

A Journey to the Pure Land of Guru x Rinpoche ('Viaje a la Tierra Pura del gurú Rimpoché'), un antídoto adicional para superar las emociones negativas.

El pastel de la luna es redondo para simbolizar la unidad y el deseo de que los miembros queridos de la familia nunca se separen unos de otros. Pero todos sabemos que cualquier cosa etiquetada con un «para siempre» sería una extrañeza en nuestro cosmos en constante cambio. Como dice un famoso poema: «La gente siente tristeza o alegría, se separa o se encuentra; la luna es brillante o es oscura, crece o se reduce».

¿Cuántas familias pueden tener garantías de que siempre estarán unidas? Mientras miramos al cielo, admirando la hermosa luna, ¿no deberíamos también bajar la cabeza para contemplar la impermanencia de la vida en profundidad?

21 de septiembre

Sin alternativas

Después de la lección de nuestro gurú sobre el asesino despiadado Angulimala ('Guirnalda de dedos'), he ido deprisa hacia la capital del condado para rescatar animales condenados. Por lo que veo, han aparecido aquí mataderos de la noche a la mañana y han convertido a esta ciudad, antaño llena del dulce aroma a *tsampa* y mantequilla, en un lugar permeado por un hedor desagradable y sangriento.

Compré veinte yaks de un matadero, trece de otro y aún más de otros carniceros; en total, ochenta fueron rescatados de la muerte. Estos yaks se veían horribles. Desde el día en que los habían llevado de los pastizales donde se alimentaban, hasta ese lugar que se convertiría en su campo de ejecución, no han comido ni bebido; no es difícil imaginar el hambre y la sed insoportables que debían de sentir. Enseguida los alimentamos con heno y agua de néctar, los bendijimos tocando sus cabezas con escrituras sagradas y les colgamos unos cordones rojos alrededor del cuello como señal de la liberación del sacrificio en esta vida. Serán liberados en un prado donde vivirán sus años restantes sin preocupaciones.

Sin embargo, el karma de los seres sintientes no es algo que podamos controlar. Había un yak negro que el carnicero se ha negado a vendernos para que lo liberáramos, por mucho que hemos intentado convencerlo. Su excusa era la escasez de carne; sin embargo, después de que le compráramos algo de carne para él e incluso eleváramos el precio a un precio absurdo, no cedió. Este incidente se ha convertido en nuestro mayor pesar del día. Observé a este yak con tristeza mientras él me miraba con intensidad; sus ojos grandes hablaban a gritos de su enorme aflicción y de su indignación, lo que me ha hecho sentir totalmente desalentado y avergonzado. Incapaz de soportar la súplica del yak, no he podido hacer más que recitar mantras y nombres de budas para aliviar su profunda tristeza.

En este día, puede que las matanzas crueles de esta ciudad hayan disminuido un poco, pero estas escenas trágicas seguirán ocurriendo mañana. ¿Qué clase de mundo es este?

4 de octubre

Hombres vs. Mujeres

Durante el Día Nacional de China, celebrado el primero de octubre, muchos visitantes de diferentes regiones de la China han llegan a Larung, y se imponen medidas de coordinación y seguridad adicionales para recibirlos.

Hemos organizado una reunión de una hora con un grupo de hombres y mujeres jóvenes de Pekín. Algunos son traductores del Departamento de Estado, otros son reporteros de medios de comunicación y la mayoría parece haber tenido contacto con el budismo. Una conocida periodista ha preguntado: «Muchas escrituras budistas describen los defectos de las mujeres. ¿Por qué Buda favorece a los hombres por encima de las mujeres?». A esta joven moderna que defendía la igualdad entre los géneros, le he respondido con tranquilidad:

Este no es un asunto que solo los budistas deban abordar, sino una situación difícil que se le presenta al mundo en su totalidad. El tema de la posición no dominante de la mujer no es exclusivo del budismo. Observe el mundo; ¿no es cierto que muy pocos países tienen una mujer como presidente? Al mirar atrás, a través de miles de años de historia humana, ¿cuántas mujeres se han destacado como estrellas fuertes de su generación? Ahora, intente contar con los dedos: entre los innumerables activistas que han llegado a trascender, ¿cuál es el porcentaje de mujeres?

Al escuchar mis palabras, el grupo sonrió, y la periodista agachó la cabeza para reflexionar.

En cuanto a la práctica budista, siempre que una mujer haya despertado una fe fuerte y haya cultivado sabiduría y compasión, será muy superior a cualquier hombre que no sepa actuar de acuerdo con el principio de causa y efecto. En vajrayana, *la mujer es el símbolo de la sabiduría, y no hay desigualdad entre los sexos. Muchas grandes practicantes budistas, como Dakini Machig Labdron o Dakini Yeshe Tsogyal, entre otras, han surgido en el Tíbet y han dejado increíbles legados para las generaciones futuras. ¿Cómo podría un hombre corriente estar a la par de ellas? Entonces, si usted un día entra al camino* vajrayana *y se convierte en una auténtica practicante, verá la igualdad entre hombres y mujeres a un nivel superior.*

Al escuchar mi respuesta, los visitantes parecían satisfechos. Finalmente, el coordinador de la reunión ha anunciado: «¡El tiempo de la visita ha terminado!», y los jóvenes han recogido sus cosas y se han retirado, no sin cierto pesar.

5 de octubre

Hojas de otoño

Sentado solo junto a la ventana, he observado en silencio cómo las sombras de los árboles se movían centímetro a centímetro. El viento frío de otoño agita las hojas, y los colores dorados tiñen las montañas.

El año pasado por esta misma época, visité el valle de Jiuzhai, famoso por su imponente paisaje otoñal. Los turistas de varios lugares recorren largas distancias para disfrutar plenamente del esplendor de esta estación, que supera cualquier representación humana, incluida la de los pinceles mágicos de los artistas impresionistas. Aquí, nuestro valle de Serthar también se enorgullece de sus hermosas hojas de otoño; aunque a menor escala, el paisaje no es menos impresionante. Serthar significa «planicie dorada». Cada árbol se destaca como una pincelada en el paisaje otoñal, complementos perfectos para las cabañas rojas, del salón del mandala dorado y de las tejas esmaltadas. Todo ello es un placer para nuestros sentidos de una manera que no tiene comparación con los colores artificiales. Además, mientras nos sumergimos en esta belleza natural, podemos percibir la santidad del reino de Buda, con lo que este lugar eclipsa al valle de Jiuzhai, que es más ostentoso y llamativo.

Recogí una hoja anaranjada recién caída, con forma de huso, que resplandecía bajo la luz del sol, y cuya nervadura central conservaba el verde de sus días más jóvenes, a pesar de que el borde de la hoja estaba marchito. ¿No soy yo como esta hoja? Mi cuerpo físico comienza a expresar quejas a medida que el proceso de envejecimiento avanza. Sin embargo, mi mente, que se resiste a ceder ante la vejez, aún conserva la firmeza de los días más jóvenes. Las hojas están destinadas a caer al suelo y cada persona, a encontrar su fin. Ese es el destino de todos. Así que tengo una sensación de camaradería con esta hoja sin voz. Sin embargo, esta tiene una ventaja que yo no, ya que al caer al suelo, se transformará en nutrientes para la tierra. En cambio, como ser humano, los vientos kármicos me soplarán en el estado intermedio y acabaré en otro renacimiento a pesar de desear lo contrario.

Este salón en ruinas, vacío y destartalado,
ha visto días mejores cubierto de lujos.
Este terreno desaprovechado, lleno de malas hierbas y árboles
secos,
una vez fue una corte, animada con canciones y danzas.

Todo en el mundo es transitorio. No importa cuán prominentes y majestuosos podamos ser; al final, no somos mejores que una simple hoja. Siendo así, ¿qué motivo hay para ser jactanciosos?

6 de octubre

Tomar decisiones

Khenpo Tsultrim Lodro ha rescatado a más de setenta yaks en tres camiones en Chengdu y, para encontrarles un buen hogar, ayer viajé a Luoho, por lo que he cancelado las lecciones de esta tarde.

Al acercarme a la planta de procesamiento de carne, llegó a mis oídos el sonido de los lamentos de los yaks y, al aproximarme, me he enterado de que ochenta yaks recién comprados habían sido marcados para ir al matadero entre hoy y mañana. Los animales estaban amarrados unos contra los otros con fuerza, y los restos de sus hermanos masacrados yacían no muy lejos. Como si anticiparan el mismo destino terrible, los yaks se miraban unos a otros, mudos y con ojos llorosos. ¿Cómo no sentirme devastado al ser testigo de una situación tan terrible? Me vino a la mente esta frase del maestro Lian Chi: «En el mundo, lo más preciado es la vida; bajo el cielo, ¡el lugar más oscuro es el matadero!». Hasta el momento, este año han masacrado a doscientos veintiún yaks, una reducción significativa de las cuatro mil ovejas y los tres mil yaks asesinados en 1995. Todos esos yaks son seres vivos capaces de sentir dolor y placer, al igual que los humanos.

Ayer por la mañana, varios amigos del Dharma, cuando supieron que iría a salvar vidas, me enviaron donativos que ascendieron a más de diez mil yuanes. Sin embargo, esa suma estaba lejos de ser suficiente para comprar todos los yaks, así que he pasado toda la noche negociando con los propietarios. Finalmente, hemos acordado en 1,6 yuanes por *jin* de peso más 0,9 yuanes cada *jin* colectivo por gastos de viaje, electricidad de la sala de refrigeración y el alimento de los animales. Hoy, después de haber pesado los yaks, han terminado costando un total de ciento setenta y siete mil yuanes, y el no tener dinero suficiente me ha obligado a regatearles, con todo tipo de razonamientos, durante otras tres a cuatro horas. Finalmente, hemos acordado bajar el precio a ciento cincuenta mil yuanes. Aunque esta cantidad era elevada para la región, el valor de la vida está más allá de cualquier suma de dinero.

Durante las negociaciones, he intentado pensar en algún fondo de dinero al que pudiera acudir. Entonces, recordé la suma de cien mil yuanes que los amigos del Dharma me habían ofrecido para imprimir el *Treasure of Sutras and Tantras* ('El tesoro de los sutras y tantras') y el *Treasure of Supreme Dharma* ('El tesoro del Dharma supremo'). Sé que tendré que enfrentar las consecuencias de cambiar el destino de los fondos donados; sin embargo, siempre recuerdo la historia del maestro zen Yongming Yanshou, quien se enfrentó con valor a la ejecución por el crimen de haber tomado fondos gubernamentales para liberar seres vivos. Los maestros del pasado nos han dejado ejemplos perfectos; no tenía motivos para dudar.

A las cuatro de la tarde, se han marcado de modo especial a aquellos yaks y a unos noventa más que habían sido comprados al borde de la carretera. Hemos recitado mantras y los hemos bendecido en su camino a las granjas, donde vivirán en paz, dejando atrás el sangriento matadero. La multitud, al ver esta feliz ocasión, se regocijó y aplaudió con alegría.

A pesar de estar físicamente agotados, todos estábamos satisfechos con nuestras decisiones y regresamos con el ánimo alegre a Larung alrededor de las cinco de la tarde. Esa noche tuve un sueño maravilloso: un rebaño de yaks se acercaba a mí para rendirme homenaje y darme las gracias. Desperté relajado y exultante, y todo mi cuerpo se sentía tan fresco como una rosa. *¡Lama chen!*

9 de octubre

Ser cuidadosos

Ha caído una nevada suave durante la noche, y al llegar la mañana el viento ha hecho volar la nieve. El joven lama de al lado iba en busca de agua cuando un viejo lama le advirtió: «El suelo está muy resbaladizo, ten cuidado!». Sin embargo, el joven ignoró alegremente la advertencia y salió, pero tan pronto como puso un pie fuera, cayó con un sonido sordo y gritó.

Las personas amables siempre advierten a los demás de los peligros que se aproximan: «¡Ten cuidado!». De todas formas, muchas personas sufren consecuencias graves por sus descuidos. Los maestros también les hacen advertencias a sus estudiantes en el viaje espiritual: «¡Sed escrupulosos!». Los practicantes deben cuidar las tres puertas, el cuerpo, el habla y la mente; mantener la mente atenta en todas las actividades, como caminar, sentarse, estar de pie o dormir, y erradicar el mal. Si ignoran las palabras del maestro, se distraen y son lentos, perderán la atención y la vigilancia y se extraviarán. Si eso llega a ocurrir, será demasiado tarde para volver atrás, lamentablemente.

El erudito Xue Xuan de la dinastía Ming decía: «Los grandes logros provienen de una prudencia meticulosa». Y el maestro Hong Yi dice:

La integridad noble y recta se cultiva a partir de la estricta autodisciplina cuando nadie la conoce;
las proezas que cambian las épocas están moldeadas por la prudencia y el miedo de enfrentarse a un barranco profundo o a delgado hielo.

Es decir, que la integridad que resulta tan brillante e inmensa como el cielo se cultiva en una casa humilde y oscura; la determinación lo suficientemente poderosa como para generar cambios radicales proviene de la precaución extrema, como si camináramos por la orilla de un acantilado o sobre fino hielo.

Emulando a nuestros antepasados, siempre deberíamos mantener una mente muy alerta y vigilante. Solo así podremos defender la dignidad y la decencia, estar atentos, no desalentarnos y alcanzar nuestro objetivo final.

14 de octubre

Campo estéril

Hoy he estado ocupado con toda clase de cosas triviales y no he tenido tiempo de poner en orden mis aturullados pensamientos. Ningún brote decente ha germinado en el campo estéril de mi mente.

20 de octubre

Mente en blanco

No me encuentro bien; mi mente está completamente en blanco, pero he recordado un pasaje del *Sutra del sexto patriarca (Sutra de la Plataforma):*

> *La capacidad de la mente es vasta y grandiosa como el espacio y no tiene límites. No es cuadrada o redonda, grande o pequeña. Tampoco es azul, amarilla, roja o blanca. No está ni arriba ni abajo, no es ni larga ni corta. No tiene ira, alegría, bien o mal, bondad o maldad, cabeza ni cola. Todas las tierras del Buda son, en última instancia, iguales que el espacio.*

22 de octubre

Desolada y lúgubre

Mi mente sigue estando vacía. Hoy los discípulos de la Cuarta Asamblea están disfrutando de la bendición del Dharma bajo el ala protectora de nuestro preciado gurú. Si la impermanencia golpeara uno de estos días, ¿nos convertiríamos en huérfanos desamparados vagando por una llanura desierta?

¡Lama chen!

23 de octubre

Asamblea del Dharma

La Asamblea del Dharma de la Tierra Pura (*Dewachen Puja*) es una de las cuatro asambleas anuales que se celebran regularmente en la Academia Budista de Larung. Pero el año pasado, debido a la enfermedad de Rimpoché y otros problemas, esta no se celebró. Este año, sin embargo, las autoridades gubernamentales han emitido el permiso y se reunirá como de costumbre durante ocho días, desde hoy hasta el 31 de diciembre.

Al escuchar esta emocionante noticia, los devotos de diversas regiones, jóvenes y viejos, han difundido la palabra y han venido multitudes de ellos a Larung. En dos días, han llegado más de diez autobuses llenos. La muchedumbre cubre la pendiente soleada de Laity Ling, y todos los corazones laten con una alegría inmensa. Nuestro querido gurú Jigme Phuntsok Rimpoché no se ha presentado debido a su mal estado de salud; en su lugar, el venerable Jetsunma Mumso les otorga el preciado Empoderamiento del buda Amitabha a los participantes, que lo reciben con profunda fe y devoción.

El cronograma diario de la Asamblea del Dharma de la Tierra Pura es el siguiente:

A las ocho de la mañana, comienza la recitación de *La aspiración de Samantabhadra*; al mediodía, se recita *The Practice for Swift Rebirth in Buddha Amitabha's Pure* Land ('La práctica de la rápida reencarnación en la Tierra Pura de Amitabh') de Terton Lerab Lingpa; por la tarde, la *Aspiration Prayer to Be Born in the Land of Bliss* ('Aspiración para renacer en la Tierra Pura') por Chagme Rimpoché y el mantra del corazón del buda Amitabha; a las seis, termina la práctica del día.

Cada participante debe recitar el mantra del corazón del buda Amitabha trescientas mil veces. Muchas escrituras afirman que alcanzando el número necesario de recitaciones y cumpliendo las cuatro condiciones requeridas, el practicante renacerá en la Tierra Pura de la gran dicha del buda Amitabha. Las cuatro condiciones son:

1. Visualizar la Tierra Pura.
2. Acumular mérito y purificar ofuscaciones.
3. Generar la *bodhichitta.*
4. Hacer aspiraciones puras y dedicar cualquier fuente de virtud para que uno mismo y los demás puedan renacer en la Tierra Pura de la gran dicha.

Nuestra Asamblea del Dharma proporciona las circunstancias exteriores para cumplir con las cuatro condiciones, y cada individuo se esfuerza en lo más profundo de su mente para cumplir los aspectos interiores.

Muchos ejemplos han demostrado que, al participar en la *Practice of Swift Rebirth in Buddha Amitabha's Pure Land* ('Aspiración para renacer en la Tierra Pura del buda Amitabha') y recitar el mantra con sinceridad, renaceremos en la Tierra Pura a través de la bendición de este buda.

El sol del atardecer brilla en el valle de Larung; rayos dorados iluminan las túnicas monásticas de tonos café y amarillo, ¡qué escena tan espectacular!

Al ver esto, no podemos dejar de sentirnos revigorizados y animados.

¡Que todos los seres renazcan en la Tierra Pura de la gran dicha!

24 de octubre

Este día auspicioso

A todos los que tengan una conexión conmigo, me conozcan o no en persona: les deseo un feliz día en este auspicioso Día del Descenso de Buda del reino celestial, uno de los cuatro días festivos principales en la tradición budista.

El origen de esta celebración se remonta a cuando Buda, para corresponder la bondad de su madre, se fue al Cielo de los Treinta y Tres para explicarle el Dharma. Después de aquello, regresó a la Tierra, y esta fiesta marca el día de su descenso del cielo.

En este día propicio, el mérito de realizar cualquier acto virtuoso se multiplicará sin límites. Por lo tanto, los tibetanos a menudo eligen celebrar ceremonias durante este período, como la Asamblea del Dharma de la Tierra Pura que estamos organizando. Numerosos devotos le rezan al unísono al buda Amitabha por el renacimiento en la Tierra Pura de la gran dicha.

Después de esta asamblea, H. H. Jigme Phuntsok Rimpoché planea transmitirnos *The Words of My Perfect Teacher: the Preliminaries of Great Perfection* ('Palabras de mi maestro perfecto: preliminares a la gran perfección'). Este libro, de Patrul Rimpoché, enseña los fundamentos y las directrices esenciales de todas las prácticas básicas de sutras y del tantra. Dotada de las bendiciones supremas del linaje de la mente, es la instrucción esencial sobre el camino espiritual certero.

Hoy en día, muchos practicantes se adhieren firmemente a sus escuelas y rechazan otros linajes, lo que multiplica sus emociones pesarosas y su distancia del Dharma auténtico. Al fin y al cabo, el sectarismo señala la falta de una comprensión adecuada de la esencia del Dharma.

Sugiero con sinceridad que todos dejemos de tener mentes estrechas, ya seamos *gelukpas* tibetanos, *nyingmapas* o devotos de la práctica han huayan o de la Tierra Pura. Si podemos seguir las etapas de entrenamiento que se recogen en este libro (comenzando por reconocer lo preciada que es la existencia humana, la impermanencia de la vida, los defectos del samsara y, más adelante, la transferencia de conciencia), y avanzamos paso a paso, purificaremos las impurezas, erradicaremos los tres venenos de la mente y creceremos en sabiduría y *bodhichitta*. En resumen, que recogeremos cosechas increíblemente abundantes.

A través de la intención pura de nuestro gurú, la joya que cumple deseos de transmitir esta enseñanza, podemos eliminar las disputas actuales entre las sectas y desarrollar la visión y el entendimiento correctos. Avanzando juntos de la mano, podemos atravesar las turbulentas aguas de la vida y la muerte, llegar a la otra orilla y entrar a la fortaleza de la liberación.

En las ciudades de hoy, hay tantos libros budistas en los que se mezclan doctrinas auténticas y falsas que se hace difícil distinguir cuál es cuál. Muchos practicantes, incluso habiendo recibido múltiples instrucciones o encontrado a decenas de *khenpos* y *tulkus*, aún lamentan no haber encontrado el Dharma auténtico y a los verdaderos maestros espirituales. Para ellos, este libro sin duda será la joya inestimable del néctar del Dharma.

Como una lámpara brillante, irradia luz sobre nuestro
tortuoso camino que es la práctica espiritual.
Como un barco, nos lleva a través del océano turbulento del
sufrimiento samsárico.
Como el sol, trae calor ilimitado a nuestro mundo Saha oscuro
y frío.
Como un amigo espiritual, nos da instrucciones inmaculadas
hacia la liberación.

De verdad espero que la fe despierte en todos los que se encuentren con este libro y que, practicando con seriedad según sus instrucciones, ¡todos puedan alcanzar una comprensión correcta y sólida de sus preceptos y alcancen la iluminación!

28 de octubre

Convertirse en vegetariano

A medianoche, sentado solo con una taza de té, disfruto de la belleza silenciosa de esta oscuridad fría. Mi mente, que ha estado ocupada en toda clase de actividades estos últimos días, por fin, ha tenido una oportunidad de calmarse y, a mi lado, el libro *Letters on Great Compassion* ('Cartas de la gran compasión') del famoso maestro Shabkar Tsokdruk Rangdrol llama mi atención. A pesar de que estoy agotado físicamente, comencé a leerlo con una luz tenue. Enseguida, sus consejos sabios han serenado la inquietud de mi mente, y me he sumergido una vez más en los capítulos que condenan la matanza de animales y abogan por el vegetarianismo.

Después de cerrar el libro, he dejado que mis pensamientos fluyeran con libertad; los animales siempre han sido los compañeros más cercanos del ser humano en la Tierra, y sus queridos hogares son los lagos brillantes, los pastizales exuberantes de color esmeralda y los bosques profundos. Generación tras generación, los animales viven en los refugios que les proporciona la madre naturaleza. Florecen y se fusionan con el cielo y la tierra, por lo que ofrecen una imagen serena y agradable del mundo. Sin embargo, los humanos a menudo les roban la paz. Estos seres, que no poseen armas ni fuerza excepcionales, tal vez deseen vivir en armonía con los humanos; sin embargo, su deseo se ve completamente aplastado por el comportamiento despiadado de los hombres.

Las atrocidades cometidas por estos contra los animales han tenido resultados tan impactantes como el de las crías asesinadas frente a sus madres, cuya carne devoran. Con tanta sangre derramada y cadáveres, el limpio reino de los animales se ha convertido en un escenario de desolación total, y el hermoso paisaje, rodeado de miedo y miseria, pronto caerá en la oscuridad. Además, las matanzas irresponsables que realizan los seres humanos son una de las principales causas de desastres mundiales tales como el hambre, las epidemias y las guerras.

Pensar en esto me estremece el corazón. Conmocionado, me pregunto si al comer carne no soy yo también cómplice voluntario de quienes matan seres vivos. Y me reprendo a mí mismo con el estómago revuelto. Me han criado con carne, por lo que estoy habituado a hacerlo.

Después de entrar en el camino del budismo, he intentado abstenerme de la carne varias veces, pero mis intentos se han visto truncados por diversas razones. Aunque el deseo de convertirme en vegetariano siempre ha estado en mi corazón, no es lo suficientemente poderoso como para vencer la fuerza de mi mal hábito. Sin embargo, a través de la lectura de esta noche y de mis recientes revisiones de enseñanzas afines, ahora siento que el arrepentimiento golpea esta mente recalcitrante y el fuego de la compasión, por fin, arde en mi corazón. Esta oleada de motivación ha hecho germinar mi deseo dormido, de modo que ya no podré devorar la carne sin piedad cada vez que me entre hambre.

He decidido abstenerme de comerla durante un año a partir de hoy. También escribiré artículos con mis reflexiones profundas sobre el vegetarianismo y sobre evitar matanzas como un recordatorio para mí y para los demás. Que la brisa del amor disipe la hostilidad en nuestros corazones; que el calor de la compasión termine con la antigua costumbre de quitar la vida a otros seres.

En el *Sutra Parinirvana*, el *Sutra Lankavatara* y otras escrituras *mahayana*, así como en algunas enseñanzas de eminencias como los maestros Lien Zi y Ying Kuang, existen abundantes ejemplos del inmenso mérito de salvar vidas y el grave error de comer carne. El maestro Hong Yi señaló:

Los animales no son diferentes a nosotros.
También son seres vivos, aunque con mentes
más básicas.
Deberíamos ser compasivos con ellos.
Os pido a todos que dejéis de matar y salvéis las vidas de
los animales.
Abstenernos de comer su carne es amar a todos los seres.

El amor y la compasión deben ser siempre el motor de los humanos. Pero muchos budistas obstinados, incluido yo, han permanecido insensibles, a pesar de la gran cantidad de enseñanzas sobre la compasión. Quienes comen carne satisfacen sus gustos a costa de la vida y el sufrimiento de otros seres y, lo que es peor, algunas personas con motivos subyacentes sacrifican animales precipitadamente mientras proclaman la práctica del *mantrayana* secreto. Para ser verdaderos practicantes espirituales, debemos decirnos: Todos los animales han sido nuestros padres en el pasado; si permanecemos indiferentes a este hecho mientras nos comemos sus cuerpos, ¿podemos afirmar que este acto es un signo de realización de la indivisibilidad de la pureza y la igualdad?

La distante Vía Láctea me recuerda el vaivén del tiempo y las mareas. La civilización humana ha hecho saltos cuánticos y ha alcanzado nuevas distancias. ¿Cómo es que no podemos superar el hábito primitivo de la caza y la brutalidad? En Occidente, hoy en día, el vegetarianismo es un movimiento reciente y en aumento; creo que esta tendencia se extenderá por todo el mundo y reducirá el número de animales que se matan. ¡Que la brisa cálida del Dharma pronto disuelva la nube oscura que quita vidas; que el sol de la compasión se eleve en los corazones de todos los seres y brille con fulgor!

11 de diciembre
Medianoche en Barkam

Sobre el autor

Khenpo Sodargye nació en el Tíbet en 1962, en la que es hoy es la provincia china de Sichuan. Después de pasar sus primeros años como pastor de yaks, ingresó en el Instituto Budista de Larung Gar en Serthar, donde se convirtió en monje en 1985 bajo la tutela de Jigme Phuntsok Rimpoché y luego se volvió un académico prominente de Larung Gar.

Khenpo ha enseñado y traducido el Dharma durante más de treinta años y ha impartido lecciones sobre budismo y cuestiones sociales en más de cien universidades de todo el mundo. Ha sido una figura clave en la popularización del budismo tibetano entre las comunidades chinas y da conferencias con regularidad en universidades de Asia y Occidente.